Laszlo Trankovits

111 Orte rund um den Äppelwoi, die man gesehen haben muss

emons:

Bibliografische Information der Deutschen Nationalbibliothek
Die Deutsche Nationalbibliothek verzeichnet diese Publikation in der Deutschen Nationalbibliografie; detaillierte bibliografische Daten sind im Internet über http://dnb.d-nb.de abrufbar.

Gestaltung: Eva Kraskes, nach einem Konzept von Lübbeke | Naumann | Thoben
Kartografie: altancicek.design, www.altancicek.de
Kartenbasisinformationen aus Openstreetmap,

Druck und Bindung: CPI – Clausen & Bosse, Leck
Printed in Germany 2021
ISBN 978-3-7408-0861-7
Originalausgabe

Vorwort

Apfelweine gibt es in halb Europa – aber nur in Frankfurt gilt der Apfelwein als das Nationalgetränk. Während der Deutsche im Durchschnitt pro Jahr 0,5 Liter Apfelwein trinkt, sind es hier 12 Liter. Das Stöffche hat in der Stadt eine historisch-kulturelle Bedeutung. Die Apfelweinkultur preist die bodenständige Gastlichkeit der traditionellen Lokale, auch wenn Wirte und Kellner für ihren zuweilen rauen Ton und eigenwilligen Humor berühmt sind. An langen Tischen sitzen beim »Schoppe« Alt und Jung zusammen, soziale Unterschiede spielen kaum eine Rolle, auch der »Oigeplackte« (Zugezogene) wird einbezogen. »Apfelwein ist ein Lebensgefühl«, betont der Äppelwoi-Guru Jörg Stier, Kelterer und Buchautor.

Längst gilt der Apfelwein, dem schon Karl der Große zusprach, nicht mehr als »Arme-Leute-Getränk«. Eine große Palette sortenreiner und veredelter Apfelweine, hochwertige Apfel-Champagner und Äppelwoi-Mixgetränke bescheren dem Stöffche seit Jahren einen Boom – inzwischen sogar in Sternerestaurants und Szene-Bars. Hessen hofft, dass die UNESCO den Apfelwein bald als »immaterielles Kulturerbe« anerkennt. Denn auch die Geschichte Frankfurts ist vielfältig mit dem Stöffche verwoben. Im Mittelalter reglementierten Fürsten die Genehmigungen zum Keltern. Bei den Nazis war die Äppelwoi-Kultur verpönt, weil sie nicht in die »nationalsozialistische Lebensordnung« passte.

Apfelwein liegt im Trend. Er gilt als erfrischend, kalorienarm und gesundheitsfördernd, ist um fünf Prozent Alkohol leichter als Weiß- oder Rotweine. Allerdings hat die Apfelweinbranche nie wirklich versucht, auch andere Regionen – etwa mit gezieltem Marketing – vom Stöffche zu überzeugen. Einigkeit ist nicht unbedingt das Kennzeichen der regionalen Apfelweinkultur, selbst auf einen gemeinsamen Namen konnte man sich nie einigen. Also gibt es Ebbelwei, Ebbelwoi, Äbbelwoi, Äppler oder Äppelwoi und andere Mundartbegriffe mehr.

111 Orte

1 Das Äppelwoi-Theater

Comedy und Schlager auf Hessisch

Das Deutsche Äppelwoi-Theater im feinen Kurort Bad Homburg ist ein Publikumsmagnet. Theater-Chef Michael von Loefen darf sich mit seinen schrillen, deftigen und volkstümlichen Shows seit Jahren über den Erfolg freuen. Bodenständig, witzig und sehr hessisch sind die Texte und Songs, zum Mitklatschen, Schunkeln und Mitsingen die Ohrwürmer, die von Loefen für seine Shows bevorzugt aus alten Schlagern, Poptiteln und Volksmusik verwendet. Die Bühne in dem ehemaligen Kino am Kurhaus lehnt sich konzeptionell an den legendären »Blauen Bock« an, die kultige, apfelweinselige Unterhaltungsshow der 1960er, 1970er und 1980er Jahre, in der hessische Stimmungskanonen wie Otto Höpfner, Heinz Schenk oder Lia Wöhr glänzten. Bis zu 80 Zuschauer sitzen an Tischen mit kleinen Lampen in dem liebevoll mit Masken und glitzernden bunten Lichterschlangen geschmückten Raum.

Kredenzt werden Äppelwoi, Apfel-Champagner und andere Getränke sowie kleine Snacks. In diesem Theater kann das Publikum gern auch mitmachen. Zwischenrufe und Kommentare sind willkommen. Auf seine Improvisationskünste ist das kleine Ensemble besonders stolz. Zuweilen erinnern die spontan kreierten Texte im Dialog mit dem Publikum in ihren besten Momenten an witzige Stand-up-Comedy.

Seit 2007 führt von Loefen das »Deutsche Äppelwoi-Theater« in der Kurstadt. Nach Jahren im »Spottlicht-Theater« in Neu-Isenburg war der umtriebige Schauspieler, Musiker und Conférencier, ermuntert von der Kurverwaltung des glamouröseren und reicheren Taunusstädtchens, in den alten Kinosaal umgezogen. Bei den fröhlich-frechen Shows und Stücken wie »Im Blaue Böckche – Die Rocky-Horror-Bembel-Show«, »Hitparade mit Grie Soß« oder »Bembel und Gretel« geht es bei viel Musik neben den Parodien auf große Showstars um Widrigkeiten und Grotesken im Alltag des normalen Hessen – in Ämtern, Vereinen, Ehen, Familien oder Kneipen.

Adresse Luisenstraße 58, 61348 Bad Homburg, Tel. 06172/1783710 (Vorverkauf), Tel. 06172/690407 (Abendkasse) | ÖPNV S 5, Haltestelle Bahnhof Bad Homburg, von dort 600 Meter zu Fuß | Öffnungszeiten saisonabhängig, Beginn 18 oder 20 Uhr | Tipp Der wunderschöne, 44 Hektar große Kurpark von Bad Homburg befindet sich nur einen Straßenzug weiter. Zahlreiche Brunnen und Denkmäler zieren die sehr gepflegte Anlage.

2 Der Hof Steinmühle

Noch immer ein Geheimtipp in der Wetterau

Vor allem im Sommer gilt die Steinmühle am Rand der Kurstadt Bad Nauheim als Geheimtipp. Dann wird die Hofreite im Ortsteil Schwalheim zur idyllischen Straußwirtschaft. An den Holztischen auf den uralten Pflastersteinen im Hof und im Garten werden kleine, regionale Gerichte gereicht, darunter Handkäse-Variationen beispielsweise mit einer Walnuss-Vinaigrette, mit indischem Curry oder mit Blutwurst und Chili. Das ganze Jahr über geöffnet ist der Hofladen mit feinen, selbst gekelterten Apfelweinen und anderen Apfelspezialitäten wie dem prickelnden »Steinmühlen-Secco«. Zudem gibt es eine Fülle von Käsesorten aus der Wetterau und regional hergestellte Würste wie Chili-Blutwurstbeißer oder Wildschweinleberwurst.

Das 1450 erbaute Anwesen war einst ein imposanter, burgähnlicher Komplex mit zahlreichen Gebäuden, darunter zwei Mühlen. Die Familie Hensel, der die Hofreite über 200 Jahre lang gehörte und die heute noch in Schwalheim wohnt, galt im 17. und 18. Jahrhundert mit ihren insgesamt acht Mühlen als sehr begütert. 1857 übernahm Peter Fleischhauer den Hof, heute wird er von dessen Ururenkel Wolfgang Roth und seiner Frau Sigrid geführt. Allerdings ist das Anwesen wegen zahlreicher Erbteilungen bedeutend kleiner als früher. Vor mehr als 30 Jahren öffneten die Roths die Steinmühle für die Öffentlichkeit, auch, weil der Landwirtschaftsbetrieb an Bedeutung verlor.

Für den Apfelwein der Steinmühle werden vor allem Äpfel der Sorten Trierer Weinapfel, Kaiser Wilhelm, Schafsnase und Boskop verwendet und nach traditionellen Methoden gekeltert. Ein Teil der Früchte von den umliegenden Streuobstwiesen wird im nahen Ockstadt zu Bränden und Likören verarbeitet. Der Hof Steinmühle veranstaltet auch Ausstellungen, Konzerte und Lesungen, zudem wird hier der Schwalheimer »Apfelweinkönig« gekürt. Der 1595 erbaute Gewölbekeller dient Weinproben und Festen.

Adresse Schwalheimer Hauptstraße 2, 61231 Bad Nauheim, Tel. 06032/920060, www.hof-steinmuehle.de | **Anfahrt** A 5 Richtung Kassel, Ausfahrt Friedberg, B 455 bis Schwalheimer Hauptstraße in Bad Nauheim folgen | **Öffnungszeiten** Di–Fr 14–19 Uhr, Sa 7.30–14 Uhr | **Tipp** Im Deutschen Haus in der Hauptstraße 56, einem schönen Fachwerkhaus und einem der ältesten Gasthäuser Bad Nauheims, gibt es deftige regionale Küche und selbst gekelterten Apfelwein.

3 Die Rote Pumpe

Apfelweinmanufaktur und Straußwirtschaft

Die urige Straußwirtschaft im Innenhof eines Bauernhofs in Nieder-Mörlen wirkt auf den ersten Blick nicht gerade wie ein Ort mit höchster Reputation in der Äppelwoi-Branche. Tatsächlich aber muss die Rote Pumpe keinen Vergleich mit den besten Kelterern Hessens scheuen. Hier sind seit Langem sehr kompetente Idealisten am Werk, produziert wird eine beeindruckende Palette von etwa 20 Apfelweinkreationen, darunter reine Sorten- und Lagenapfelweine. Verwendet wird das Obst eigener oder gepachteter Streuobstwiesen sowie von Naturschutzgebieten aus der Region.

Die Gäste haben die nicht ganz einfache Wahl zwischen Apfelwein aus Kaiser-Wilhelm-Äpfeln oder »Apfelwein Rouge« aus gemahlenen, erst nach Gärungsbeginn gepressten roten Äpfeln, zwischen Bio-Stöffche wie »Bad Nauheimer Johannesberg« oder »Dorheimer Wingert« oder auch einem Bohnapfel-Mispel, einem Gemisch aus eben diesen beiden Obstsorten. Neben purem Apfelsaft, prickelndem Apfelschaumwein oder klarem Apfelschnaps stehen auch regionale Schmankerl – wie 13 verschiedene Sorten Handkäs, nach traditionellem Rezept in der Schüssel gereift – auf der Karte der Straußwirtschaft.

Seit 2003 ist hier das Ehepaar Heike und Ulli Schwabe verantwortlich, unterstützt vom Sohn Philipp, der ein Studium der Getränketechnologie abgeschlossen hat. Besonders stolz ist die Familie auf das Bio-Zertifikat für etwa die Hälfte der 25.000 Liter Apfelwein, die im Jahr gekeltert werden. Die Rote Pumpe im Bad Nauheimer Stadtteil wurde 1997 von drei Frauen und vier Männern mit hohem ökologischem Anspruch gegründet. Zunächst gab es Apfelwein und Apfelsaft nur für den Eigenverbrauch. Da sich die Qualität rasch herumsprach, wurde der Betrieb Zug um Zug professionalisiert. Inzwischen floriert das Geschäft, die Straußwirtschaft ist sehr populär. Im Herbst finden Hofführungen und Projekttage über Verarbeitungsmöglichkeiten von Äpfeln statt.

Adresse Nieder-Mörler Straße 6, 61231 Bad Nauheim, Tel. 06032/9371903 | **Anfahrt** A 5 Richtung Kassel, Ausfahrt Ober-Mörlen, auf der B 275 etwa 35 Kilometer bis zur Nieder-Mörler Straße in Bad Nauheim | **Öffnungszeiten** Di–Fr 16–22 Uhr, Sa 10.30–13 und 16–22 Uhr, So 13–22 Uhr | **Tipp** Das malerisch gelegene Teichhaus, etwa zwei Kilometer entfernt im historischen Kurpark in Bad Nauheim, ist ein modernes Café-Restaurant mit einer schönen Terrasse.

4 Der Immenhof

Apfelwein-Manufaktur im Kulturdenkmal

Mit dem norddeutschen Immenhof, Schauplatz alter, etwas kitschiger Heimatfilme, hat dieses schöne Gut eigentlich nichts zu tun. Seinen Namen erhielt das früher landwirtschaftlich genutzte Anwesen in Bad Soden-Neuenhain von Studenten in den 1980er Jahren, die es in einer Schnapslaune wegen der ländlichen Idylle in Anlehnung an die sentimentalen Filme der 1960er und 1970er Jahre »Immenhof« tauften. Heute erfreut sich der Hof der besten Reputation als Kelterer und einer großen Popularität bei Kunden und Gästen, denen hier, mit Blick auf die Frankfurter Skyline, allerlei rund um das Stöffche angeboten wird.

Nachdem Kathrin und Reinhold Henrich 1986 den Hof aus dem 18. Jahrhundert geerbt hatten, begannen sie, das denkmalgeschützte Gebäude mit Scheune und Ställen liebevoll zu restaurieren. Die lokale Presse schwärmte von dem »Schmuckstück« Immenhof. Ohne viel Kelterei- und Gastronomieerfahrung beschlossen die Henrichs, in einer kleinen Manufaktur und im alten Gewölbekeller hochwertigen Apfelwein und andere Apfelprodukte herzustellen. Denn Äpfel gab es in den nahen Streuobstwiesen in Hülle und Fülle. Um beste Qualität zu bekommen, zahlen die Henrichs nach eigenen Angaben den Obstbauern doppelt so viel wie große Keltereien.

Seit dem Start 2004 errang der Immenhof viele Preise und Auszeichnungen für seinen Apfelwein und die Brände und Schaumweine mit so schönen Namen wie ÄppelÄngel, Birnentanz und »reingold«. Der Apfeltanz zum Beispiel ist »eine Assemblage aus Rieslingsekt und Apfelwein«. Um ihre Straußwirtschaft, die auch hessische Schmankerl anbietet, eröffnen zu können, wendeten sich die Henrichs 2007 erfolgreich an den Petitionsausschuss des Hessischen Landtags, damit Apfel-Kelterer gesetzlich den Winzern gleichstellt wurden. In der Erntezeit gibt es die Möglichkeit, an der Apfellese teilzunehmen. Im Winter offeriert ein Hof-Weihnachtsmarkt Produkte und Kunsthandwerk aus der Region.

Adresse Borngasse 8, 65812 Bad Soden am Taunus, Tel. 06196/528862, www.immenhof-neuenhain.de | ÖPNV S 8, S 9, Haltestelle Niederrad Bahnhof, von dort 12 Minuten Fußweg | Anfahrt im Norden Frankfurts auf die A 66, bei der Ausfahrt Schwalbach auf die L 3005 und weiter auf die L 3014, dann auf die L 3367 bis zur Haingrabenstraße in Bad Soden | Öffnungszeiten Mo–So 17–21 Uhr | Tipp Das Bad Sodener Hundertwasserhaus in der Königsteiner Straße 77 mit seinem 30 Meter hohen Turm ist ein Werk des österreichischen Künstlers Friedensreich Hundertwasser (1928–2000). Das ab 1990 errichtete Wohngebäude bezieht das örtliche Kurhaus aus dem Jahre 1722 mit ein.

5 Das Knoche

Wo mit Leidenschaft auf Tradition gesetzt wird

Es gibt sie noch, die Wirtsleute, für die ihr Gasthaus mehr als nur eine Erwerbsquelle ist, für die das Keltern und Kochen, das Kümmern um die Gäste und die Geselligkeit in ihrer Wirtschaft Lebensinhalt und Lebensstil definieren. Zweifellos gehören Marius und Johanna Meier dazu. Deutlich wurde das, als 2020 die Einschränkungen während der Coronapandemie ihr Wirtshaus »Zum Knoche« mit seiner bereits 135 Jahre währenden Geschichte in die Existenzkrise stürzten.

Schließlich mussten das Gasthaus geschlossen und die Mitarbeiter entlassen werden. Marius Meier ging »auf den Bau«, wie seine Frau berichtete, sie selbst verdingte sich als Tagesmutter. Das Paar ließ aber keinen Zweifel daran, dass das Knoche wieder öffnen werde, sobald die Pandemie es zulasse. Glücklicherweise gehört das Knoche-Haus der Familie.

Als eine »gutbürgerliche Gaststätte« mit dem »besten Stöffche der Welt« beschreibt sich das Lokal im Bad Vilbeler Ortsteil Massenheim im Norden Frankfurts. Seit 1884 wird hier im alten dörflichen Ortskern Apfelwein selbst gekeltert. Damals eröffnete Valentin Georg Jacobi in dem schönen Fachwerkhaus aus dem 17. Jahrhundert die Gaststätte »Zur Jägersruh« mit Kegelbahnen. Zum heutigen Namen kam das Wirtshaus nach Erkenntnissen der örtlichen Lokalhistoriker, weil vor über 100 Jahren zwei Halbstarke das Kneipenschild mit dem Spitznamen des damaligen Wirts, des als kauzig verschrienen Philipp Hinkel, mit »Zum Knoche« übermalten. Als der Enkel Hinkels, Helmut Meier, 1953 das Fachwerkhaus aus dem 17. Jahrhundert übernahm, bewies der junge Wirt Humor, benannte das Lokal um und hängte in der Gaststube einen Rinderknochen auf. Mit seinem Enkel Marius Meier steht nun wieder ein »echter Knoche« hinter dem Tresen. Für die regionale Hausmannskost aus der Küche wird wie früher geworben: »A mal in de Woch' nix koche – ess' un trink' beim Knoche!«

Adresse Rathausstraße 4, 61118 Bad Vilbel, Tel. 06101/42563, www.gaststaette-zumknoche.de | **ÖPNV** S 6, Haltestelle Bad Vilbel, von dort 1,5 Kilometer zu Fuß nach Massenheim | **Anfahrt** B 3 von Frankfurt-Nord Richtung Friedberg, bei der Ausfahrt Massenheim Richtung Ortsmitte | **Öffnungszeiten** Mo–Mi, Fr 17–23 Uhr, So 12–21 Uhr (Sommer), 16–22 Uhr (Winter) | **Tipp** Etwa 200 Meter entfernt am Erlenbach befindet sich ein überdachter Römerbrunnnen aus dem 17. Jahrhundert. Ein schöner Weg führt am Bach entlang.

6 Die Kelterei Dölp

Odenwälder Familientradition seit 1875

Bei Dölp gibt's Geld für Äpfel. Die traditionsreiche, hochmoderne Odenwälder Kelterei ist für viele Bürger der Region eine beliebte Anlaufstelle. In der Erntezeit können Privatleute die Äpfel aus ihren Gärten in der Otzbergstraße im kleinen Ort Brensbach abgeben und bekommen jeweils einen Euro für zehn Kilo. Der Betrieb im Odenwald ist typisch für etwa 20 Keltereien in Hessen, bei denen man seine Äpfel abliefert, um später den fachmännisch ausgepressten Saft wieder mitnehmen zu können oder eine Gutschrift für Saft oder Äppelwoi des Kelterers zu erhalten. Diesen Service offerieren manch kleine Häuser, wie die Mosterei Safteria in Gudensberg-Dorla bei Kassel, die Kelterfreunde Hüttenberg nahe Wetzlar oder die Kelterei Will in Ebersburg nahe Fulda, aber auch große Betriebe wie die Rapp's Kelterei in der Nähe von Bad Vilbel und die Kelterei Höhl in Maintal-Hochstadt. Zudem bieten auf dem Land »Saftmobile« ihre Dienste an, das sind Mostereien auf vier Rädern.

Die Chronik der Kelterei Dölp reicht bis ins Jahr 1875 zurück. Der gelernte Küfer und Brauer Johannes Dölp brachte den Betrieb mit Gasthaus und Brauerei auf den Weg, später kam die Kelterei hinzu. Der Zweite Weltkrieg beendete schließlich die Blüte des Unternehmens. Philipp Dölp, 1948 aus der Kriegsgefangenschaft zurückgekehrt, baute nach und nach alles wieder auf und erweiterte das Sortiment. Heute ist die Kelterei in fünfter Generation in Familienhand. Neben dem Haus-Apfelwein, dem »Beerfurther Schoppen«, ist Dölp auch für seinen in Flaschen abgefüllten Sauergespritzen oder den heiß zu trinkenden »Odenwälder Apfelglühwein« bekannt. Für traditionsbewusste Schoppepetzer sind Flaschen-Spezialitäten wie »Schoppe-Schorsch mit Cola«, »Süßer gespritzt« oder alkoholfreier Apfelwein mit Limo Sakrilege der Apfelweinkultur. Bei überwiegend jungen Kunden sollen sie allerdings sehr beliebt sein.

Adresse Otzbergstraße 16, 64395 Brensbach, Tel. 06161/413, www.kelterei-doelp.de | Anfahrt A 5, Ausfahrt Pfungstadt, auf die B 426 Richtung Höchst im Odenwald, in Wembach-Hahn rechts abbiegen nach Groß-Bieberau, auf der L 3477 und der B 38 bis Brensbach | Öffnungszeiten Mo–Fr 9–18 Uhr, Sa 9–13 Uhr | Tipp Die sagenumwobene, geheimnisvoll im Wald liegende Ruine der im 13. Jahrhundert erbauten Burg Rodenstein liegt neun Kilometer entfernt inmitten eines schönen Wandergebiets im Odenwald bei Fränkisch-Crumbach.

7 Die Kelterei Walther

Familienbetrieb in der vierten Generation

Viele ehrwürdige Handwerksberufe wie der des Küfers (Fassmacher) oder des Gerbers (Verarbeiter von Fellen und Häuten) mussten in der ersten Hälfte des 20. Jahrhunderts wegen der industriellen Konkurrenz aufgeben. In Hessen bot das Keltern von Äpfeln nicht selten eine neue Existenzgrundlage. Auch die Kelterei Walther ist so entstanden: Heinrich Walther, angesehener Stellmacher und Wagner – er stellte Räder, Achsen und Kutschen her – beschloss 1934, sich nur noch der Apfelverarbeitung zu widmen. Die Entscheidung fiel auch, weil der Betrieb ohnehin schon eine Presse besaß, die zuvor an Landwirte verliehen worden war. Walther absolvierte einige Lehrgänge und legte dann den Grundstein für die heute erfolgreiche Kelterei, die nun schon in der vierten Generation in Familienbesitz ist.

Der Schlüssel zum Erfolg war, dass Walther sich zunächst vor allem auf die ganzjährige Produktion von Apfelsaft konzentrierte – zuvor hatte es den Saft nur gegeben, wenn die Äpfel im Herbst gekeltert wurden. Nach dem Zweiten Weltkrieg kam die Apfelweinproduktion dazu, 2003 wurde ein eigener Laden eröffnet. Die Kelterei, die mit den Jahren einige Preise für die nach alten Familienrezepten hergestellten Apfelsäfte und -weine einheimste, betont ihre ökologische Ausrichtung. Verwendet werden nur chemisch unbehandelte Äpfel von den heimischen Streuobstwiesen und Gärten, Konzentrate, Zucker oder Konservierungsstoffe sind verpönt. Klassiker sind der Speierling-Apfelwein, ein Rosé-Apfelwein mit einem Spritzer Johannisbeere, und die »Apfelwein Rum Edition«. Dieses Getränk mit einem Alkoholgehalt von nur 7,5 Prozent lagert drei Monate im Rumfass. Zudem bietet die Kelterei auch einen alkoholfreien Apfelwein an. Der Alkohol wird in einem speziellen Schonverfahren entzogen, wodurch Geschmack und Aroma des Apfelweins erhalten bleiben – er also deutlich anders schmeckt als ein Apfelsaft.

Adresse Fliederstraße 2–4, 63486 Bruchköbel, Tel. 06181/77809, www.walther-kelterei.de | Anfahrt A 66 von Frankfurt Richtung Hanau, bei der Ausfahrt Hanau-Nord auf die B 45 bis Bruchköbel, dann über die Hauptstraße und die Jahnstraße in die Fliederstraße | Öffnungszeiten Mo, Di, Do, Fr 9–12.30 und 14–18 Uhr, Mi, Sa 9–13 Uhr | Tipp Im Ortskern von Bruchköbel finden sich zahlreiche schöne Fachwerkhäuser, darunter das alte Rathaus aus dem 16. Jahrhundert mit dem Heimatmuseum.

8 Die Alte Burg

Seit 450 Jahren Apfelweingaststätte

Als das Gasthaus im 19. Jahrhundert noch »Zum wilden Mann« hieß, durften hier Sozialdemokraten tagen – die meisten Wirtshäuser der Region wollten damals von Sozialisten nichts wissen. Dieser Geschichtssplitter verweist auf die Bedeutung dieses Lokals in dem pittoresken, wunderschön restaurierten Fachwerkhaus, das sich heute die »älteste Apfelweingaststätte Deutschlands« nennt. Das Gebäude gehört zu einem eindrucksvollen Ensemble von über 100 Fachwerkhäusern im mitteldeutschen und fränkischen Stil aus fast einem halben Jahrtausend seit dem 14. Jahrhundert. Durch Dreieichenhain verläuft auch die Deutsche Fachwerkstraße.

Erbaut wurde das Haus 1553 vom Leiter des örtlichen Spitals namens Volz. 1580 erwarb die Stadt das Gebäude und verwandelte es in das Gemeindewirtshaus mit Brauhaus, Branntweinbrennerei im Hof und Kelterei im Keller. In dem Haus wurde auch die Zunftstube des großen Handwerks eingerichtet, hier hatten Bauhandwerker, Schmiede, Wagner (Stellmacher), Metzger, Bender (Fassbinder) und Bierbrauer ihren Stammtisch. Bis 1883 nannte sich das Gasthaus »Zum wilden Mann«, benannt nach der markanten Fachwerkfigur »Wilder Mann« im zweiten Stock – einem gängigen Motiv des Mittelalters für ungehobelte Waldschrate oder manchen Helden aus einer Sage.

Die restaurierten Gasträume haben trotz relativ neuem Mobiliar durchaus noch etwas von ihrer mittelalterlichen Anmutung erhalten. Von manchen Tischen hat man einen Blick auf die Ruinen der einstmals imposanten Burg Hayn. Im Sommer kann man auch im Hof und vor dem Gasthaus sitzen. Angeboten wird eine bodenständige hessische, aber durchaus phantasievolle Küche. Neben Klassikern wie Grie Soß, Rippchen oder Gans (zur Weihnachtszeit) gibt es allerlei regionale Käsespezialitäten wie Schnitzel mit Kochkäse-Riesling-Soße, »Sachsenhäuser Cordon bleu« oder »Zwei stramme Hessen«: Handkäs und Limburger zusammen, natürlich mit Musik.

Adresse Fahrgasse 50, 63303 Dreieich, Tel. 06103/84913, www.alte-burg.com | **Anfahrt** von Frankfurt-Sachsenhausen Darmstädter Landstraße und B 3 bis zur A 661 Richtung Darmstadt, bei der Ausfahrt Dreieich auf die L 3317, dann Albert-Schweitzer-Straße bis zur Fahrgasse | **Öffnungszeiten** Mo–Sa 17–24 Uhr, So 12–24 Uhr | **Tipp** Die Ruinen der mittelalterlichen Burg Hayn liegen in Sichtweite. Hier finden oft kulturelle Veranstaltungen wie die Burgfestspiele oder das Jazzfestival »Jazz in der Burg« statt.

9 Die Blaue Blume

Äppelwoi-Romantik auch für Stammgäste

Apfelweinlokale haben mit der weltfremden Feingeistigkeit der deutschen Romantik wenig zu tun. Das Gasthaus in dem dörflichen Teil Sprendlingens verdankt seinen Namen den früheren Besitzern, die sich für das Symbol der Romantik entschieden. Schließlich stehe »die hohe lichtblaue Blume« beim Dichter Novalis auch für einen »Ort der Sehnsucht« und für »heiteren Lebensgenuss«, so die Begründung in den 1980er Jahren. Eine Zeit lang galt das Gasthaus tatsächlich als ein Kultlokal der Jugend – dann verlor es nach einigen Besitzerwechseln den Kurs. Heute kann das schön restaurierte Fachwerkhaus mit seinem rostbraunen Gebälk zwischen den blütenweiß gestrichenen Wänden und den blau gestrichenen Butzenfenstern in der Tat wieder zum Träumen verführen.

Schon seit mehr als 400 Jahren steht hier ein Gasthaus, 1601 wird in einem Protokoll des lokalen Vogtei-Gerichts das »Zum Hirsch« erwähnt.

Seither haben die Besitzer und Betreiber häufig gewechselt, zuweilen war das frei stehende Haus am Lindenplatz eine Pizzeria, dann ein Luxusrestaurant. Schließlich übernahm vor wenigen Jahren der erfahrene Apfelwein-Kelterer und ehrgeizige Neugastronom Thomas Laux aus Kelsterbach als Pächter das Lokal. Er setzte vor allem auf Tradition und Regionalbezug, mit selbst gekeltertem Äppelwoi und hessischer Küche. Auf der Karte stehen »Hessische Canapés«, Handkäs-Variationen und ein Flammenkuchen mit Blutwurst und Äpfeln – sogar einen echten Haddekuchen gibt es. Die Blaue Blume mit Stühlen und Tischen auf dem Kopfsteinpflaster im Gartenbereich sollte wieder eine gemütliche Gastwirtschaft für jedermann und ein Stammlokal der Nachbarschaft werden. Sie wurde aufwendig renoviert, mit gemütlichem Mobiliar eingerichtet, wobei nicht nur die dicken Tischplatten mit dem Signet und Schriftzug der Blauen Blume geschmückt sind. Zuweilen gibt es hier Lesungen und andere Kulturveranstaltungen.

Adresse Lindenplatz 9, 63303 Dreieich, Tel. 06103/8077057, www.zur-blauen-blume.com | **Anfahrt** A 661 von Frankfurt-Ost Richtung Darmstadt, an der Abfahrt Dreieich in die Offenbacher Straße und bis zum Lindenplatz | **Öffnungszeiten** Mo–Fr 16.30–24 Uhr, Sa, So 11.30–24 Uhr | **Tipp** Die »Alte Backstube« des Hofguts Neuhof in Dreieich, dessen schöne Wege zum Spazierengehen locken, ist ein Hofladen und zugleich ein Lokal mit Außenbereich. Es gibt regionale Spezialitäten, zahlreiche Backwaren aus der eigenen Konditorei sowie Wurstwaren des Guts.

10 Die Affentorschänke

Trend-Lokal unter Denkmalschutz

Das »Daheim in der Affentorschänke« belegt, dass ein Apfelweinlokal gleichzeitig urig und fein sein kann. Hübsche Kissen auf den Bänken, Lüster aus Hirschgeweihen, Bembel in den Regalen und antike Bilder an holzgetäfelten Wänden signalisieren, dass hier viel Wert auf Stil, Qualität und Niveau gelegt wird. Obwohl mitten in Sachsenhausen am Affentorplatz gelegen, haben sich Wirte am früheren Südtor der Stadt oft schwergetan. Ein Wirtshaus gab es hier schon 1760. Reisende, Winzer und Schafhirten, die die schützenden Mauern Frankfurts verließen und außerhalb Räuber und Wegelagerer fürchten mussten, pflegten hier ein letztes Ave Maria zu beten. Deshalb sprach man vom »Ave-Maria-Tor«, abgekürzt »Ave-Tor« – und auf Frankfurterisch eben »Affe-Tor«. Das historische Torhaus wurde 1809 zerstört, die heutigen Gebäude später erbaut, aber es blieb der Begriff »Affentor«.

2018 übernahm das Ehepaar Frank und Pia Winkler, auch Besitzer des »Daheim im Lorsbacher Thal«, das Gasthaus am Affentor und richtete es stilvoll ein. Seither floriert das Lokal, das gleichermaßen traditionsbewusst und modern sein möchte. Davon zeugt neben dem selbst gekelterten Apfelwein und anderen hochwertigen Stöffche eine Karte, die die Herkunft der Produkte, meist von lokalen Erzeugern und aus dem Bioanbau, auszeichnet. Angeboten wird eine frische, regionale Hausmannskost auf hohem Niveau: Schnitzel vom Strohschwein, Mini-Bratwürstchen mit Zwiebelmarmelade oder Boskop-Apfelkompott mit Haddekuche.

Die Winklers wollen mit ihren Lokalen dazu beitragen, den urwüchsigen Charakter Sachsenhausens zu bewahren. Sie sind Mitglieder bei »AltSaxNeu«, einer Initiative von Gastronomen, Hausbesitzern und Bewohnern, die mit Sorge verfolgen, wie der Stadtteil an manchen Ecken zu einer Partyszene mit Fast-Food-Lokalen, lauten Clubs und Kneipen mit Ballermann-Charme zu verkommen droht.

Adresse Neuer Wall 9, 60594 Frankfurt am Main, Tel. 06109/5077612, www.affentorschaenke.de | **ÖPNV** S 3, S 4, S 5, Haltestelle Lokalbahnhof | **Öffnungszeiten** Di–So 12–24 Uhr | **Tipp** Etwa 300 Meter entfernt, in der Schellgasse 8, befindet sich das älteste erhaltene Fachwerkgebäude Frankfurts, Baujahr 1291/1292.

11 Die Äpfelwein Botschaft

Visitenkarte der Possmann-Kelterei

Das Lokal in dem pittoresken Fachwerkhaus ist die Visitenkarte der traditionsreichen Großkelterei Possmann. Dass der Familie das rustikale, gemütliche Restaurant am Herzen liegt, zeigt schon das Inventar. Das Haus im Frankfurter Stadtteil Rödelheim ist mit Möbeln aus dem Familienfundus eingerichtet. Neben den 70 Plätzen im Gastraum mit einer offenen Küche lockt im Sommer ein großer Garten mit Schatten spendenden, alten Obst- und Walnussbäumen für 250 Gäste. Auf der Karte stehen neben regionalen Spezialitäten wie gebackenem Handkäs oder Handkäs-Carpaccio Küchenkreationen rund um den Apfel, so in Apfelwein marinierte Hax'n und ein schmackhaftes Apfelweinbrot. Eine kleine Ausstellung im ehemaligen Pferdestall auf dem großen Firmengelände informiert über die Geschichte des Hauses.

Mit Peter Possmann an der Spitze befindet sich die Kelterei in der fünften Generation im Familienbesitz. Als eine von wenigen Keltereien ist Possmann weit über die Grenzen Hessens und Deutschlands hinaus bekannt. »Das Beste, was ein Apfel werden kann«, gilt als der erfolgreichste Werbespruch für Apfelwein überhaupt. Das Unternehmen konnte mit seinem großen Sortiment von Apfelweinen, Fruchtsäften und Apfelmixgetränken zahlreiche Preise und Auszeichnungen gewinnen. Die Kelterei, 1881 vom Weinküfer Philipp Possmann gegründet, wurde im Zweiten Weltkrieg völlig zerstört. Mit Energie und Phantasie ging die Familie an den Wiederaufbau. Bis 1978 nutzte Possmann drei »U-Boot-Lagertanks« mit einem enormen Fassungsvermögen von jeweils 418.000 Litern für die Gärung – die Druckbehälter waren ursprünglich im Frankfurter Westhafen für den U-Boot-Bau produziert worden. Umtriebig und kreativ ist das Unternehmen bis heute. Zusammen mit Eintracht Frankfurt bietet Possmann beispielsweise den »Adlerschoppen« an. Lange Zeit konnte man eine »Äppler Watch«, eine »original gerippte« Uhr, erwerben.

Adresse Eschborner Landstraße 154, 60489 Frankfurt am Main, Tel. 069/74305677, www.apfelweinbotschaft.de | **ÖPNV** S 3, S 4, Haltestelle Eschborn Süd, dann 1,2 Kilometer zu Fuß | **Öffnungszeiten** Mo–Fr 11.30–15 und 17–22 Uhr, Sa 17–23 Uhr, So 12–22 Uhr | **Tipp** Der Brentanopark in Rödelheim an der Nidda ist ein schöner Park mit einem etwa 260 Jahre alten Ginkgo, historischen Gebäuden wie dem Kutscherhaus und dem Pavillon mit Rosengarten sowie dem Kriegsopferdenkmal und dem Denkmal für die 1938 zerstörte Rödelheimer Synagoge.

12 Der Apfelwein Frank

Nordend-Stammkneipe ohne Touristen

Die Glauburgstraße ist eine Hauptschlagader im grün-alternativen Trendviertel Nordend. In den Cafés, Restaurants und Imbissstuben auf der 698 Meter langen Straße lassen sich trefflich Milieustudien betreiben. Hier befinden sich der Büroladen der roten Rebellin Jutta Ditfurth und das Stalburg-Theater mit seinem alternativen Kulturprogramm, Bistros, die den Champagner-verliebten Gourmet ebenso ansprechen wie sensible Veganer, biedere Biomärkte und teure Weinläden. Nur wenige Lokale pflegen hier alte Traditionen – neben der Stalburg-Gaststätte gehört der Apfelwein Frank zu den letzten urigen Gaststätten in dieser Ecke des trendigen Stadtteils.

Das Lokal hat seit 1949 manchen Besitzerwechsel erlebt. Lange war es die Kneipe der alteingesessenen Nordendler. Das Ecklokal tat sich aber mit der Zeit in dem auch von Gentrifizierung geprägten Viertel immer schwerer – bis sich schließlich eine neue Stammkundschaft gebildet hatte, die sich deutlich von der in den benachbarten hippen Cafés und Weinlokalen unterschied. Bei »Frank« findet sich – durchaus typisch für Apfelweinwirtschaften – ein buntes Gemisch aus Rentnern und Studenten, hart arbeitenden Handwerkern und schillernden »Kulturschaffenden«.

Seit 2019 betreibt der Koch Konstantinos Laios, der sich selbst als »Frankfurter Grieche« bezeichnet, das Lokal. Nach drei Jahren in der Küche bekam er das Angebot, die Gaststätte mit dem kleinen Garten zu übernehmen. Er renovierte den Gastraum mit den Butzenscheiben sowie den sanitären Bereich, blieb aber dem alten Stil mit langen Holztischen und Bänken, einem runden Stammtisch, Bembeln über der Theke und goldenen Garderobenhaken an getäfelten Wänden treu.

Regionale Spezialitäten dominieren die Karte: Handkäs, Schneegestöber, Rippchen sowie das Frankfurter Schnitzel mit Grie Soß und den hoch gerühmten Bratkartoffeln. Der Äppelwoi kommt von der Kelterei Nöll.

Adresse Weberstraße 72, 60322 Frankfurt am Main, Tel. 069/50696672 | **ÖPNV** U5, Haltestelle Glauburgstraße | **Öffnungszeiten** Mo–Do 12–24 Uhr, Fr, Sa 12–1 Uhr, So 12–23 Uhr | **Tipp** Die kleine Pizzeria Olbia in der Glauburgstraße 14 gilt seit Jahren als eine der besten ihrer Art in Frankfurt und wird von den Gastroführern einhellig gepriesen.

13 Die Apfelweingalerie

Die Galerie für Schoppepetzer

Wenn sich Kreative einen Traum erfüllen, profitieren oft viele davon. Das stimmt auch für den Fotografen und Werbefachmann Martin Schitto, der 2020 in einer Ecke der Frankfurter Kleinmarkthalle seine Apfelweingalerie eröffnete.

Zuvor hatte er sich von seiner Werbeagentur verabschiedet, um sich ganz der Fotografie zu widmen. Seine zweite große Leidenschaft gilt dem Frankfurter Stöffche. So entstand die Idee, beides zu verbinden, eine Fotogalerie, die auch ein Schoppepetzer gern besucht. Schitto möchte in der hellen, perfekt ausgeleuchteten Galerie mit dem schönen Terrazzo-Boden monatlich wechselnde, vor allem dokumentarische Ausstellungen präsentieren. Zu jeder Fotoschau bietet er immer neue, besondere Apfelweine von den besten Kelterern in der Region an.

Im Mittelpunkt der Ausstellungen standen anfangs Straßenmotive der Mainmetropole, danach Momentaufnahmen von Menschen im Alltag unter der Überschrift »Menschenzoo«. Die Galerie bietet aber auch Raum für Food- oder Modefotografie. Allerdings soll es beim Dokumentarischen bleiben. Die erste Ausstellung »FFM 25 Ansichtssachen« zeigte eindrucksvolle, teilweise verblüffende Detail- und Distanz-Sichten auf Frankfurt von zwölf Künstlern. Unter ihnen waren so unterschiedliche Fotografen wie der fast 90-jährige Meister der Schwarz-Weiß-Fotografie Walter Vogel, der Prominenten-Fotograf Markus Hintzen und der »digitale Streetphotograph« Alex Rossa.

Schitto möchte mit der Galerie ein »Nest zum Wohlfühlen« schaffen, ein Zuhause für eine Nischen-Kunst bieten. Denn Fotografen sind, wie er sagt, »im Leben nicht auf Rosen gebettet«. Die Motive der (käuflichen) Fotos an den Wänden sind auch als Postkarten vorhanden. Und da der Galerist ein sehr umweltbewusster Mann ist, gibt es für seine Säfte Strohhalme, die wirklich aus Stroh bestehen.

Adresse Kleinmarkthalle, Eingang Liebfrauenberg, Hasengasse 5–7, 60311 Frankfurt am Main, Tel. 0171/3658775, www.aw-galerie.com | **ÖPNV** alle S-Bahnen, U 1, U 2, U 3, U 8, Haltestelle Hauptwache, von dort 400 Meter Fußweg | **Öffnungszeiten** Mo–Fr 10–18 Uhr, Sa 10–16 Uhr | **Tipp** Wegen der spektakulären Dreiecks-Architektur wird das Museum der modernen Kunst auch »Tortenstück« genannt. 4.500 Kunstwerke der letzten Jahrzehnte aus aller Welt sind dort zu sehen (Domstraße 10).

14 Die Apfelweinhandlung JB

Quitten-Äppelwoi aus ambitionierter Manufaktur

Als Jens Becker 2004 die erste Apfelweinhandlung Frankfurts im Nordend eröffnete, war es mehr ein Hobby. Schon als Kind habe er dem Opa beim Keltern geholfen, auf der Streuobstwiese Äpfel gesammelt und sie mit einem Holzkarren nach Hause gebracht. Die Eröffnung einer Fachhandlung für außergewöhnliche Apfelweine sei ihm eine Herzensangelegenheit gewesen, sagt Becker. Er wollte Äppelwoi ohne Konzentrate oder Äpfel unbekannter Herkunft anbieten, Stöffche, die sich deutlich von den Massenprodukten aus dem Supermarkt unterscheiden. Beckers mutiges Projekt war damals auch eine Ermutigung für viele kleine Keltereien und Apfelwein-Manufakturen, die Palette der sortenreinen und exklusiven Stöffche zu erweitern und zu pflegen. Der Frankfurter wollte neue Kundenkreise für den Apfelwein erschließen und dazu beitragen, das etwas angestaubte Image des Äppelwoi aufzupolieren.

Inzwischen befindet sich der Apfelweinladen mit seiner historischen Bembel- und Gerippte-Sammlung mitten in Sachsenhausen, in den ehemaligen Räumen der ältesten Apotheke des Stadtteils, die 1617 eröffnet wurde. Das Äppler-Fachgeschäft offeriert neben allerlei Äppelwoi-Accessoires vor allem das hauseigene Stöffche, das ohne Zusätze oder künstliche Hefe zur Beschleunigung des Gärprozesses auskommt, sowie Dutzende andere Weine, Säfte und Schaumweine aus Äpfeln.

Allen Produkten der kleinen Keltereien aus der Region bis hin zum Odenwald, dem Spessart und der Rhön ist gemein, dass die Äpfel von heimischen Streuobstwiesen stammen, schadstofffrei und ungespritzt sind und dass die Getränke in traditioneller Weise hergestellt werden. Die JB-Kunden können im gemütlichen, mit viel Inventar aus den 1950er Jahren ausgestatteten Laden verschiedene Apfelweinsorten, aber auch Fruchtmischungen mit Quitten oder Birnen probieren. Es gibt Verkostungen mit Hintergrundinformationen zur Kultur und Geschichte des Apfelweins.

Adresse Brückenstraße 21, 60594 Frankfurt am Main, Tel. 0176/35424235, www.apfelweinhandlung.de | **ÖPNV** U 1, U 2, U 3, U 8, Haltestelle Südbahnhof; Straßenbahn 14, 15, 16, Haltestelle Lokalbahnhof; Bus 30, 36, Haltestelle Affentorplatz | **Öffnungszeiten** Di – Fr 12 – 20 Uhr, Sa 11 – 16 Uhr | **Tipp** Die Hummus Küch, nur 450 Meter entfernt in der Textorstraße 31, ist ein kleines, gepflegtes, veganes und vegetarisches Restaurant mit Hummus- und Falafel-Gerichten.

15 Das Apfelweinkontor

Apfelwein-Spezialitäten nicht nur aus Hessen

Seit über zehn Jahren ist dieser stilvoll, aber schlicht eingerichtete Laden eine Hochburg des feinen Apfelwein-Genusses. Die eigenen Kreationen von sortenreinem Stöffche und Apfelschaumweinen gewannen schon zahlreiche Preise bei Messen und Festivals – darunter auch mehrfach den »Pomme d'Or«, der in der Branche als »Apfelwein-Oscar« gilt. Das Kontor offeriert Äppelwoi-Kreationen von den besten Keltereien in Deutschland sowie feine Cidres aus Frankreich und Großbritannien, Spezialitäten, die sonst nicht leicht zu bekommen sind. Die Kunden können beim Kauf erst mal von den diversen Sorten probieren, auf Wunsch wird ausführlich über Herkunft, Herstellungsmethoden und Besonderheiten des Stöffche informiert. Wer verweilen möchte, ist dazu herzlich eingeladen: In den Räumlichkeiten – im Sommer auch im Freien – werden auch im Glas oder Bembel verschiedene Apfelweine angeboten, zudem kleine Schmankerl wie Handkäs mit Musik oder Suppen. Bei Apfelwein-Tastings für kleine Gruppen erfahren die Besucher viel über die Geschichte, die Produktion und die Eigenheiten der verschiedenen Apfelwein-Spezialitäten.

Von Anfang an war das seit 2019 von dem jungen Frankfurter Josef Grunenberg geführte Kontor ein Projekt von ambitionierten Quereinsteigern. Die Begründer waren zwei umtriebige, kreative und heimatverbundene junge Leute: Michael Rühl, Psychologe, Werbeexperte und Fotograf, und der Rundfunkjournalist und Germanist Konstantin Kalveram. Ihre Liebe zu den kulinarischen Eigenheiten Frankfurts setzten sie in verschiedenen Büchern um, etwa über Frankfurter Würstchen oder die heimische Apfelweinbranche. »Es gibt den Spruch, Apfelwein schmecke erst nach dem dritten Glas. Wir und andere wollen zeigen, dass schon das erste Glas sehr fein sein kann«, hat Rühl einmal die Ambitionen der neuen Generation von Apfelweinmachern beschrieben. Deren Produkte sind im Kontor zu finden.

Adresse Wallstraße 13, 60594 Frankfurt am Main, Tel. 069/60609987, www.apfelweinkontor.com | ÖPNV U 1, U 2, U 3, U 8, Haltestelle Südbahnhof; Straßenbahn 14, 15, 16, Haltestelle Lokalbahnhof; Bus 30, 36, Haltestelle Affentorplatz | Öffnungszeiten Di–Sa 10–20 Uhr, Mo 11–18 Uhr | Tipp Das etwas versteckte Café »L'Atelier des Tartes« mit einer kleinen Terrasse offeriert wenige Meter entfernt in der Kleinen Brückenstraße 3 süße und pikante französische Tartes, darunter Erdbeer-Rhabarber-Tartes mit Cranberries, Tartes mit Roter Bete und Ziegenkäsecreme oder Stachelbeertartes mit Marzipan.

16 Der Apfelwein Solzer

Die größte Gaddewirtschaft bleibt Geheimtipp

Der »Solzer« ist vor allem im Sommer eine Institution für Apfelweinseligkeit und Lebensfreude. Das Motto des Lokals lautet: »Küche, Kultur & Kelter«. An schönen Tagen finden im weitläufigen, teilweise überdachten Garten etwa 300 Gäste auf geschmackvollen Gartenstühlen und -tischen oder auf Holzbänken Platz, frönen dem Äppelwoi oder auch dem Bier vom Fass und laben sich an Rippchen oder Grie Soß.

Das Publikum der populären »Gaddewirtschaft« in Bornheim ist genauso bunt gemischt wie die Bevölkerung dieses von alten Bürgerhäusern, kleinen Geschäften und Kneipen geprägten Stadtteils. Obwohl der Solzer einer der größten Biergärten Frankfurts ist, gilt das Lokal fast als Geheimtipp – denn Touristen verirren sich eher selten in diesen Stadtteil, der allerdings mit der U-Bahn nur eine gute Viertelstunde von der City entfernt ist.

Die dunkel getäfelten, rustikalen und gemütlichen Gasträume atmen spürbar die facettenreiche Geschichte dieses traditionsreichen Wirtshauses. Der Fachwerkbau im alten Ortskern Bornheims wird bereits im 16. Jahrhundert erwähnt. Das Gasthaus wechselte dann mehrfach Besitzer und Namen, um 1817 schließlich »Zum grünen Baum« zu werden. Der Volksmund sprach lieber etwas abfällig vom »Grine Besen« (Grünen Besen), weil es hier nicht nur eine Äppelwoi-Wirtschaft gab, sondern nebenbei wohl auch ein Bordell. 1893 erwarb dann die Familie Solzer das Anwesen und polierte seinen Ruf rasch wieder auf. Mit Karl Solzer wird die Wirtschaft schon in der fünften Generation von der Familie geführt.

Das selbst gekelterte Stöffche hat einen hohen Speyerling-Anteil und ist deshalb frischer und eine Spur säuerlicher als andere Sorten. Die Speisekarte listet die Frankfurter Küchenklassiker auf. Je nach Saison gibt es hier aber auch Spargel, Wild oder Gänsebraten. Samstags wird der Solzer zur Sportsbar mit Direktübertragungen der Fußball-Bundesliga.

Adresse Berger Straße 260, 60385 Frankfurt am Main, Tel. 069/452171, www.solzer-frankfurt.de | **ÖPNV** U 4, Haltestelle Bornheim Mitte | **Öffnungszeiten** Mo–Fr 17–24 Uhr, Sa 15–24 Uhr, So 12.30–22 Uhr | **Tipp** Das »Bernemer Museumslädchen« am etwa 350 Meter entfernten Johanneskirchplatz in einem pittoresken, kleinen Fachwerkhaus ist auch von außen sehenswert. Hier finden zudem Kulturveranstaltungen mit lokalem Bezug statt.

17 Der Apfelweinweg

1.000 Kilometer für Wanderer und Radfahrer

Wer Hessen zu Fuß oder mit dem Rad kennenlernen möchte, findet auf der »Hessischen Apfelwein- und Obstwiesenroute« wunderschöne Etappen und Wege. Nimmt man die Visionen der Schöpfer dieses 1.000 Kilometer langen Wegs kreuz und quer durchs Hessenland zum Maßstab, erkennt man rasch den Grund für die Enttäuschung vieler Vertreter der Apfelwein- und Tourismusbranche. Hessens schöne Landschaften, vor allem aber die herrlichen Streuobstwiesen, die Vielzahl der Keltereien und Apfelweinlokale sollten – so die ursprüngliche Marketingidee – von dieser touristischen Route profitieren. Die Streuobstwiesen müssten »als identitätsstiftendes Element unserer Kulturlandschaft« erkennbar werden. Allerdings agierten die Beteiligten – Gemeinden, Städte, Wirtschaft, Verbände und Behörden – jahrelang ohne viel Koordination und klares Konzept. Das Ergebnis waren erhebliche Qualitätsunterschiede, beispielsweise beim Zustand der Rad- oder Wanderwege. Strukturelle Änderungen in jüngster Zeit sollen nun ermöglichen, dass der Apfelweinweg tatsächlich den Wert der Streuobstwiesen deutlicher macht und Bauern, Kelterern und Wirtsleuten neue Aufmerksamkeit bringt. Denn in einem sind sich die meisten einig: Das touristische Potenzial des Apfelweins ist noch lange nicht ausgeschöpft.

Der Apfelweinweg mit seinen sechs Regionalschleifen Gießen, Wetterau, Main-Kinzig, Main-Taunus, Offenbach und Odenwald bietet einen Schatz an Entdeckungsmöglichkeiten. Genutzt werden Wander- und Radwege, zuweilen auch kleine Landstraßen. Entlang der landschaftlich reizvollen, abwechslungsreichen Route, gekennzeichnet mit dem Logo eines roten Apfels mit umlaufendem grünem Pfeil, befinden sich Hofläden, Keltereien, Museen und Sehenswürdigkeiten, gemütliche Pinten und feine Restaurants. Zudem gibt es vielerorts Lehrgärten und Lehrpfade, saisonale Aktionen wie Keltervorführungen, Erntedank-, Apfel- oder Blütenfeste und Kutschfahrten.

Adresse www.apfelweinroute-mtk.de | **Tipp** Entlang des Wegs liegen viele Dutzend Burgen und Schlösser, manche werden heute noch genutzt und sind zu besichtigen, andere bestehen nur mehr als Ruinen.

18 Die Atschel

Seit 170 Jahren Äppelwoi-Kultur

Die Atschel, in der seit 1849 das Stöffche fließt, gilt als typisches Sachsenhäuser Apfelweinlokal. Es ist urig, gemütlich, stilvoll, traditions- und heimatbewusst. Die langen Tische in den Gaststuben und im »Gadde« (Garten) fördern Geselligkeit und menschliche Nähe. Äppelwoi-Lokale sind meist nicht hoch komfortabel, man sitzt auf Holzbänken, im besten Fall sind Sitzkissen vorhanden. In der Wirtsstube gibt es kein Hintergrund-Gedudel oder gedämpftes Licht, die Dekoration verzichtet auf »neumodischen Ferz«, was, etwas deftig formuliert, Chichi und Firlefanz meint. An den holzgetäfelten Wänden befinden sich traditionelle Bilder und Stiche mit Stadt- oder Apfelweinmotiven, Bembel sind hübsch in Regalen aufgereiht oder hängen über der Ausschanktheke so wie im Lokal, dessen gepflegte Räume mit viel schönem Holz und geschmackvollen Jugendstil-Kugellampen gleichzeitig bodenständig und edel wirken.

Wirt und Kellner eines Frankfurter Apfelweinlokals unterscheiden sich in der Regel deutlich von den beflissenen, menschelnden Obern, wie sie nicht nur dem Klischee nach in einigen südländischen Restaurants anzutreffen sind. Beim Äppelwoi gelten soziale Unterschiede wenig, auch die Bedienung ist meist direkt und geradeheraus. An den eher ruppigen hessischen Charme müssen sich »Oigeplackte« (Zugereiste) erst mal gewöhnen. Die Frankfurter lieben den eigenwilligen, meist trocken-ironischen Witz vieler Kellner, der sich dem Gast zuweilen nicht sofort erschließt.

Die Atschel, was auf Hessisch »Elster« bedeutet, wird gerühmt wegen ihrer ausgezeichneten Küche mit regionalen Gerichten bei recht moderaten Preisen – beispielsweise bei der berühmten »Frankfurter Platte« für vier Personen, auf der sich Hax'n, Schäufelchen, Rippchen, gegrillter Stich, Frankfurter Würstchen und Rindswürste, Sauerkraut, Bratkartoffeln und Püree türmen. Im Herbst und Winter gibt es Wild und Gans.

UNSERE 111ER FÜR ECHTE MÄNNER

ISBN 978-3-7408-0571-5
€ D 16,95/€ A 17,50

ISBN 978-3-7408-0939-3
€ D 25,00/€ A 25,70

ISBN 978-3-7408-0680-4
€ D 25,00/€ A 25,70

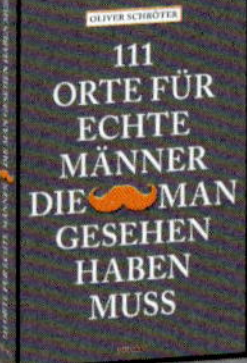

ISBN 978-3-7408-0735-1
€ D 16,95/€ A 17,50

ISBN 978-3-95451-414-4
€ D 16,95/€ A 17,50

ISBN 978-3-95451-465-6
€ D 16,95/€ A 17,50

ISBN 978-3-7408-0242-4
€ D 16,95/€ A 17,50

ISBN 978-3-95451-912-5
€ D 25,00/€ A 25,70

ISBN 978-3-7408-0938-6
€ D 25,00/€ A 25,70

ISBN 978-3-7408-1069-6
€ D 16,95/€ A 17,50

DER PODCAST ZUR KULTREIHE

Drei Bücher treten gegeneinander an. Vorgestellt von einem Autor und zwei Moderatoren. Anhand der Kategorien »Lieblings«, »Mit Mutti« und »Mmmh lecker!« werden die spannendsten und außergewöhnlichsten Orte aus drei 111er-Bänden verglichen. Nur einer kann mit seinem Buch als Sieger hervorgehen. Und Dranbleiben lohnt sich: Zum Schluss werden die drei Bücher einer Folge unter allen Zuhörern verlost.

Adresse Wallstraße 7, 60594 Frankfurt am Main, Tel. 069/619201, www.atschel-frankfurt.de | **ÖPNV** U1, U2, U3, U8, Haltestelle Südbahnhof; Straßenbahn 14, 15, 16, Haltestelle Lokalbahnhof; Bus 30, 36, Haltestelle Affentorplatz | **Öffnungszeiten** Mo–So 12–24 Uhr | **Tipp** Das »Whisky Spirits« in der Wallstraße 23 bietet mehr als 1.500 Whisky-Abfüllungen aus über 150 Destillerien aus aller Welt, darunter viele Raritäten, außerdem Whiskygläser und Fachliteratur.

19__Die Batschkapp

Ein legendärer Rock-Club hält Äppelwoi in Ehren

Wenn einmal die Geschichte der 68er-Generation und ihres erfolgreichen Marsches durch die Institutionen in Deutschland geschrieben werden wird, dann wird auch dieses legendäre Lokal seinen Platz darin haben. Denn mit der Batschkapp (hessisch für »Schiebermütze«) verbinden sich sowohl die Namen der Frankfurter Szene-Prominenz als auch die der internationalen Musikszene seit den 1970er Jahren.

Joschka Fischer und Daniel Cohn-Bendit gingen einst in dem Rock-Club ein und aus. Die Polizei vermutete hier lange Zeit ein Lieblingslokal der Terroristen und Sympathisanten der RAF. Das Lokal nannte sich zu Recht auch Kulturzentrum. Zum Programm gehörten Diskussionsveranstaltungen und Lesungen, so von Wladimir Kaminer, Edgar Hilsenrath oder Benjamin von Stuckrad-Barre. Vor allem aber war die Batschkapp eine Bühne sowohl für etablierte Rockstars als auch für eher unbekannte Rock-Avantgardisten. Zu den großen Namen zählen Nirvana, Lenny Kravitz, Die Toten Hosen, BAP, Robbie Williams oder die Red Hot Chili Peppers, zudem heizten hier Techno-DJs wie Sven Väth und Mark Spoon ein. Mit dem vielseitigen, mutigen Programm gelang es dem Club über Jahrzehnte hinweg, Kultort sowohl für alte Szene-Gäste als auch die nachwachsenden, ganz jungen Rockfans zu sein.

Batschkapp-Gründer Ralf Scheffler gründete mit der Sponti-Gruppe »Revolutionärer Kampf« 1976 den Club für eine »autonome und linke Gegenkultur«. Dabei achtete Scheffler, mehrfacher Trauzeuge seines Freundes Joschka Fischer, stets auch auf den regionalen Bezug. Dazu gehört, dass oft unbekannte Bands und Solisten aus der Umgebung auftreten; zudem wird bester Äppelwoi der Kelterei Heil in dem meist trubeligen Lokal und seinem großen Biergarten ausgeschenkt. Zum 40-jährigen Jubiläum dieser Frankfurter Institution gab es sogar die Sonderabfüllung »Batschkapp 40«, einen Mix aus Apfelwein, Holunderbeersaft und Hanfaroma.

Adresse Gwinnerstraße 5, 60388 Frankfurt am Main, Tel. 069/95218410, www.batschkapp.tickets.de | **ÖPNV** U 4, U 7, Haltestelle Gwinnerstraße | **Öffnungszeiten** täglich 19–1 Uhr | **Tipp** Im Western-Club »Hammer Ranch« am nahen Riedgraben wird das Brauchtum der nordamerikanischen Pionierzeit gepflegt. Hier treffen sich Freunde des »Wilden Westens« regelmäßig, es gibt Clubabende und Veranstaltungen.

20 Das Bembeltown

Verrückter Hessen-Kram von Designern und Künstlern

Dieser Laden ermöglicht ein Leben im Zeichen der Frankfurter Äppelwoi-Kultur. Zwar ist das Bembeltown vor allem wegen seiner handgefertigten, individuell gestalteten Bembel in allen Größen bekannt, und so gibt es Äppelwoi-Krüge mit Firmenlogo, Club-Wappen oder in Vereinsfarben, den »Glitzer Bembel de Luxe« mit funkelnden Strasssteinchen, den Diva-Bembel in Knallrosa und mit Krönchen, den Weihnachts-, Nikolaus- oder Hochzeitsbembel. Aber im Paradies der Äppelwoi-Accessoires finden sich neben Gerippten, Deckelchen und »Dippe« (Steingut-Geschirr) auch hessische Trachten und Trachtenhemden mit Bembelschwung, Dirndl und Lederhosen im Bembel-Design, Bembel-Wildlederschuhe, Schmuck sowie Eierwärmer, Lampen, Kissen und Weihnachtskugeln mit Bembelmotiven, Apfelweinseife und -senf. Wer einen Cocktailabend auf Hessisch feiern möchte, bekommt mit dem »Hessen Caipi Mix Set« eine Flasche »Born in the Wetterau«-Apfelschnaps, ein großes Gerippte-Glas, einen Holzstößel und braunen Zucker.

Hinter all diesen Ideen und Produkten steht »Bembeltown Design and more«, das vielfach ausgezeichnete Kreativzentrum von Jürgen Schreiter. »Als gebürtiger Frankfurter habe ich Äppelwoi im Blut und lebe für den Bembel-Kult und unseren hessischen Apfelwein«, betont er. Zuweilen lässt er sich kreativ auf Zeitgeist und Ereignisse ein. Im von Corona geprägten Jahr 2020 produzierte er Gesichtsmasken und Trennscheiben mit Frankfurter Motiven. 1999 wurde »United Condoms of Bembeltown« im Zuge von Kampagnen zur Aids-Aufklärung mit dem European Design Award ausgezeichnet. Schreiter begann 1988 mit der Produktion von Bembeltown-Textilien. Der Werbeexperte ließ den Namen als eingetragene Marke schützen, der Slogan »United Colors of Bembeltown« wurde rasch populär. Die eigene Steingut-Werkstatt bietet Kurse zum Gestalten und Bemalen von Bembeln und anderem Steingut an: »Paint your Bembel«, so der Werbeslogan.

Adresse Tilsiter Straße 10, 60487 Frankfurt am Main, Tel. 069/90550613, www.bembeltown.de | ÖPNV Bus 34, 72, U 6, U 7, Haltestelle Industriehof | Öffnungszeiten Mo–Fr 10–19 Uhr | Tipp Die Brotfabrik, etwa 500 Meter entfernt in der Bachmannstraße 2–4 gelegen, ist ein Kulturzentrum in einer ehemaligen Brotfabrik mit zahlreichen Veranstaltungen, Aufführungen und Konzerten.

21__Das Bootshaus

Dependance der Frau Rauscher auf dem Main

Die Eröffnung eines Gasthauses mitten im Coronajahr 2020, einem Leidensjahr der Gastronomie allerorten, erforderte besonders großen Mut – vor allem aber den unbeirrbaren Glauben an die großartige »Location«. Genau diesen Optimismus brachte der Gastronom Jürgen Vieth mit, als er das Bootshaus am Eisernen Steg auf der Sachsenhäuser Mainseite übernahm und es zum »Bootshaus Frau Rauscher auf dem Main« umbenannte. Der Name ist Programm: Hier auf dem Wasser entstand eine Äppelwoi-Dependance, benannt nach der Sachsenhäuserin, die als Original in die Lokalgeschichte einging und die in der Klappergasse mit einem Brunnendenkmal verewigt ist.

Vieth, der sechs weitere Lokale in Sachsenhausen hat, trat mit einem klaren Konzept für das Boot mit seinen 200 Plätzen an: Unter gelben Markisen, mit stilvollen, gediegenen Gartentischen und -stühlen aus Holz, einem guten Stöffche in Bembeln und Geripptem sowie regionalen Spezialitäten sollte hier die urige Geselligkeit eines Apfelweinlokals entstehen. Blumenkübel mit Oleander, zartgelbe Petunien und pinkfarbene Geranien an der Reling geben dem leise schaukelnden Lokal etwas Leichtes und Fröhliches. Hier werden auch die sieben Kräuter gezogen, die es für die Grie Soß braucht. Lesungen, Musikveranstaltungen und Apfelwein-Tastings stehen auf dem Bootsprogramm.

Obwohl das Lokal auf dem Main wegen seiner attraktiven Lage am Museumsufer gegenüber der Skyline von Frankfurt auch viele Gäste von außerhalb anlockt, wird der lokale Bezug gepflegt. So wurde in Coronazeiten für die Einhaltung der Hygiene-Vorschriften auf gut Frankfurterisch geworben: »Uffbasse! Mindest' 10 Bembel Abstand haldeee un blöd üwwer die Mask gugge«, hieß es auf Schildern. Für Gäste aus der Ferne war das sicher keine ganz einfache Sprachhürde. Allerdings gibt es vor allem an einem warmen Sonnentag kaum einen spektakuläreren Ort, um sich am Stöffche zu laben.

Adresse Schaumainkai, Brücke Eiserner Steg, 60594 Frankfurt am Main, Tel. 069/621935, www.frau-rauscher.com | ÖPNV U 4, U 5, Haltestelle Römer | Öffnungszeiten So–Do 11–23 Uhr, Fr, Sa 11–1 Uhr | Tipp Das Museum für Angewandte Kunst, das der Gestaltung in Kunsthandwerk, Design, Mode, Buchkunst, Grafik und Architektur gewidmet ist, befindet sich etwa 100 Meter entfernt am Schaumainkai 17.

22 Die Buchscheer

Äppelwoi und Bier selbst gemacht

Dieses fast 150 Jahre alte Apfelweinlokal findet man nicht zufällig. Denn die Buchscheer liegt in einem freundlichen, etwas abgelegenen Teil Sachsenhausens am Rand des Stadtwalds inmitten von Wohnhäusern, Schrebergärten und Spielplätzen. Besonders stolz ist die Gründerfamilie Theobald auf den Apfelwein, der hier nach traditioneller Art mit ausschließlich heimischen Äpfeln ohne Zusatzstoffe gekeltert wird. Das Stöffche kommt in dem Lokal mit den gemütlichen, holzgetäfelten Gasträumen und in dem teilweise überdachten Sommergarten direkt aus den Fässern im Keller über die Zapfanlage an der Theke in den Bembel.

Die Gäste können im Herbst bei der Apfelweinproduktion sogar zuschauen oder an einer Apfelweinverkostung teilnehmen. Die Buchscheer bietet auch Äppelwoi-Spezialitäten anderer Kelterer an. Auf dem Menü finden sich die regionalen Klassiker, alles frisch, ohne Fertigprodukte und Zusatzstoffe zubereitet. Stammgäste wissen, dass das hauseigene Stöffche – je nach Apfelsorte und Saison – von Fass zu Fass etwas unterschiedlich schmecken kann.

»Jeder Apfelwein ist eine Welt für sich. Jeder hat seine eigene Säure, seine eigene Weichheit, seine eigene Farbe«, schwärmte der Schriftsteller Andreas Maier einmal über die Vielfalt des Apfelweins. Buchscheer-Wirt Robert Theobald bietet seit geraumer Zeit auch selbst gebrautes Bier an – allerdings im Jahr nur etwa 200 Liter. Das exklusive Pils »Theo«, mit Malz aus der Rhön und Hopfen aus der Holledau, wird in den Flaschen vergärt und nur im Lokal angeboten.

Als 1876 Adam Theobald sein Lokal eröffnete, benannte er es nach dem mittelalterlichen Ausdruck für das Bucheckern-Land. Im 16. und 17. Jahrhundert führten Bauern ihre Schweine und Schäfer ihre Herden in den Wald zur Bucheckern- und Eichelmast. Diese Lichtungen wurden Buchscheer genannt. Heute führt die fünfte Generation der Theobalds das Gasthaus.

Adresse Schwarzsteinkautweg 17, 60598 Frankfurt am Main, Tel. 069/635121 | **ÖPNV** S 3, S 4, Haltestelle Bahnhof Frankfurt-Louisa | **Öffnungszeiten** Mo–Fr 16–23 Uhr, Sa, So 12–23 Uhr | **Tipp** Das freundliche Gartenlokal Landwehrstübchen mit einer ambitionierten Küche zu zivilen Preisen, zuweilen mit Livemusik, liegt 250 Meter entfernt im Sachsenhäuser Landwehrweg 371.

23 Der Buchwald

Geheimtipp sogar für Bernemer

Auf den ersten Blick glaubt man ein Gasthaus entdeckt zu haben, wie es in Frankfurt nicht mehr viele gibt: fast versteckt in einer Seitenstraße mitten in einem Wohnviertel, mit altmodisch dunklem Holzmobiliar im getäfelten Gastraum, wenigen Bildern an den Wänden und Lampen mit einem ruhig-warmen Licht. Hier stören kein Andenken-Krempel und keine Folklore-Dekoration. Die Küche bietet deutsche Hausmannskost, dazu besten Apfelwein der Kelterei Stier. Erst beim näheren Hinsehen wird deutlich, dass sich der gute Ruf dieses Lokals im Frankfurter Stadtteil Bornheim aus deutlich mehr als nur einer Traditionspflege im besten Sinn erklärt.

Wirt Nikolas Funk ist für die – in Apfelweinlokalen eher seltene – freundliche, aufmerksame Gastlichkeit verantwortlich. Koch Matthias Sutter variiert kreativ die regionale Küche. Das Motto: »Hessisch – ess ich«. Also gibt es neben den üblichen Spezialitäten auch Tafelspitzsalat mit Handkäs und Äpfeln, Handkäs-Carpaccio mit getrockneten Tomaten, »Coq au Schoppen« (Huhn in Apfelwein geschmort) oder ein hessisches Tiramisu. Auf den Liebhaber deftiger Speisen warten Krautlasagne mit Leberwurstsoße, Hessisch' Cordon bleu (gefüllt mit Schoppenkraut und Käse) oder Apfel-Schweinegulasch. Das Stöffche kommt vom Fass, neben dem Hausschoppen (Bohnapfel) wechselnde Spezialitäten mit Quitte, Mispel, Schlehe oder Eberesche. Im Sommer stehen Tische vor dem Wirtshaus, es gibt dann auch Apfelweinbowle mit Sekt und Erdbeeren. Die Karte des »Buchwald« ist innovativ – aber sie könnte auch nachdenklich machen. »Wir sind nicht klein, wenn uns die Umstände zu schaffen machen, nur, wenn sie uns überwältigen« – dieses Zitat von Johann Wolfgang von Goethe steht da geschrieben. In Coronazeiten der Knappheit stand dort außerdem: »Und wenn ihr etwas Klopapier braucht, geben wir euch gerne welches aus unserem Lager.« Dieses Lokal ist auf mehrfache Weise ungewöhnlich.

Adresse Buchwaldstraße 22A, 60385 Frankfurt am Main, Tel. 069/46003272, www.der-buchwald.de | **ÖPNV** U 4, Haltestelle Bornheim Mitte, von dort über die Berger Straße und die Falltorstraße in die Buchwaldstraße | **Öffnungszeiten** Di–So 17–23 Uhr | **Tipp** Das familiengeführte Restaurant »Nr. 16«, etwa 300 Meter entfernt in der Löwengasse 27a, ist seit Jahrzehnten eines der traditionsreichsten italienischen Restaurants und ein sehr populäres Szene-Lokal in Frankfurt (Tel. 069/464591).

24 Das Café Weidenweber

Retter des Haddekuche

Zum stilvollen Petzen (Trinken) von Äppelwoi gehört nicht nur das gute Stöffche selbst: Jedes gute Apfelweinlokal hat Bembel, Gerippte (Glas) und einen Faulenzer (Eisengerüst für einen großen Bembel auf der Theke). Auf der Karte stehen natürlich Handkäs, Grie Soß und Rippchen. Eine andere, süße Traditionsspeise zum Äppelwoi, der Haddekuche, droht dagegen vergessen zu werden. Das gepflegte, eher unauffällige Café Weidenweber nahe der Konstablerwache im Stadtzentrum ist einer der wenigen Backbetriebe, die diese lokale Spezialität noch auf traditionelle Weise produzieren.

Der Haddekuche, ein würziges Dauergebäck mit Zimt, das ein wenig wie Lebkuchen schmeckt, wird schnell trocken – und deshalb heißt er auch Haddekuche, also »harter Kuchen« auf gut Frankfurterisch. Für die wenigen verbliebenen Brezelburschen, die abends noch durch die Frankfurter Apfelweinlokale ziehen, gehören Haddekuchen zu den unverzichtbaren Backwaren in ihrem Verkaufskorb. Die beiden Enkel von Emil und Änne Weidenweber, die 1934 die Bäckerei und Konditorei eröffneten, führen heute den Betrieb. Zum Stammhaus sind inzwischen einige weitere Cafés dazugekommen. Für Christoph und Thomas Weidenweber ist es nach ihren eigenen Worten ein Herzensanliegen, neben einer umfangreichen Auswahl an Kuchen und Brotwaren Frankfurter Gebäckspezialitäten wie die Bethmännchen (aus Marzipan), das Wasserweck (Wasserbrötchen) und eben den Haddekuche in bester Qualität und teilweise nach eigens entwickelten Rezepten anzubieten. Aufgrund sinkender Nachfrage ist die Anzahl der Backstuben, die Haddekuche herstellen, immer kleiner geworden. Thomas Weidenweber lässt keinen Zweifel daran, dass er die Tradition dieses Gebäcks am Leben erhalten möchte – auch wenn monatlich kaum mehr als 30 Stück davon verkauft werden. »Wir fühlen uns der Region und deren kultureller Identität verpflichtet«, betont er.

Adresse Große Friedberger Straße 10, 60313 Frankfurt am Main, Tel. 069/284538, www.weidenweber.de | **ÖPNV** S1, S2, S4, S5, U1, U2, U7, Haltestelle Konstablerwache | **Öffnungszeiten** Mo–Sa 7–18.30 Uhr | **Tipp** Das Museum Judengasse in der Battonnstraße 47 thematisiert die Geschichte und Kultur von Juden in Frankfurt während der Frühen Neuzeit – direkt an den Ruinen der ehemaligen Judengasse und dem zweitältesten jüdischen Friedhof Deutschlands.

25_Der City-Bauernmarkt

Delikatessen vom Land zu Stadtpreisen

Für viele Frankfurter ist die Konstablerwache der unbestritten hässlichste Platz der Stadt. Einst waren hier jahrhundertelang Militärs und Polizei stationiert. Heute erstreckt sich am Ende der umsatzstarken Einkaufsstraße Zeil ein gigantisches Betonpodest, 80 Zentimeter hoch und mit breiten Treppenstufen, zentral über den größten Teil des Platzes, umgeben von meist sechsgeschossigen gesichtslos-nüchternen Nachkriegsbauten mit Läden und Kaufhäusern. Schon seit Jahrzehnten diskutieren Politiker und Stadtplaner, was man aus diesem grauen Ungetüm sinnloser Fläche, unter der sich ein weit verzweigter U- und S-Bahnhof befindet, machen sollte. Passiert ist nichts – dennoch ist der »Konsti«, wie ihn die Frankfurter nennen, durchaus populär.

Donnerstags und samstags kommen Tausende Menschen auf den Erzeugermarkt, auf dem es aber auch viele Buden und Stände mit Speis und Trank gibt. Hessische Spezialitäten und Apfelweine dominieren, aber an den Bier- und Stehtischen kann man sich auch an Flammenkuchen oder Backfisch, an Bier und Wein laben. Der Markt ist berühmt für die Qualität von Fleisch, Wild und Fisch, von Käse und Marmeladen, Brot und anderen Backwaren, Obst und Gemüse. Berüchtigt sind die zuweilen deftigen Preise. Dafür sind hier nur wirkliche Erzeuger vertreten. Die regionalen Produkte haben meist ein Bio-Siegel.

Der »Konsti«, umsäumt von 90 gestutzten Platanen, ist heute ein beliebter Treffpunkt der Frankfurter. Es gab Befürchtungen, der größte Bauernmarkt Hessens könnte zur reinen »Genussmeile« werden. Dass diese Sorge kaum berechtigt ist, belegen der ständige Strom von Kunden durch die Marktgassen und der gute Umsatz mit hessischen Lebensmitteln. Für sauber gekelterten Äppelwoi stehen die populären Stände vom Obsthof Klotz, dessen Chef hier als »Schoppe-Otto« bekannt ist, und das Angebot des »Sonnenhofs« aus dem Odenwald mit seinem Chef Günther Sattler.

Adresse zwischen Zeil und Kurt-Schumacher-Straße, 60313 Frankfurt am Main, www.erzeugermarkt-konstablerwache.de | **ÖPNV** Straßenbahn 12, U4, S1–S6, S8, Haltestelle Konstablerwache | **Öffnungszeiten** Do 10–20 Uhr, Sa 10–17 Uhr | **Tipp** Der »Frankfurter Dippemarkt« in der Fahrgasse 80 ist ein Souvenirgeschäft mit einem großen Angebot an Steingut und anderen Hessen-Artikeln wie Bembel, Gerippte und Schoppedeckelchen.

26 Das Dax

Trubeliges Äppelwoi-Lokal auch für »Oigeplackte«

Eine amerikanische Reise-Webseite schwärmt vom Dax als »little shtube packed with Frankfurters«. In dem typischen Sachsenhäuser Apfelweinlokal mit seinem lauschigen Garten im Innenhof finde der Gast eine stimmungsvolle Gaststätte, begegne einem bunten Gemisch von Einheimischen, Handwerkern wie Werbeleuten, Studenten und Rentnern, Familien und »rauflustigen« (»rowdy«) Jugendlichen. Allerdings sollte man, so der amerikanische Rat, in dem urigen, zuweilen rappelvollen Lokal nicht erwarten, dass die freundlichen Wirtsleute und Kellner Englisch sprächen. Denn das Dax ist nun alles andere als ein Touristenlokal, obwohl auch »Oigeplackte« – wie in der Mainmetropole die Neubürger genannt werden – willkommen sind.

An holzgetäfelten Wänden hängen neben alten Stichen und Bildern mit Frankfurter Motiven zahlreiche Emaille-, Holz- und Blechschilder aus aller Welt, angefangen von Autokennzeichen über Staatswappen, Amtsbezeichnungen und Ortstafeln, Verbots-, Straßen- und Behördenschilder bis hin zu skurrilen Hinweis-Plaketten. »Jedem in diesem Raum nicht Beschäftigten ist der Zutritt verboten«, heißt es auf einem gestrengen Amtsschild in befremdlichem Deutsch. »Stammtisch nur für Jäger, Angler und sonstige Lügner«, steht auf einer anderen Tafel. »Vorsicht Schusswaffengebrauch!« oder »Vorsicht! Außerhalb der Badezeiten bissiger Hund«, warnen Schilder.

Das 1984 eröffnete Dax ist ein unkompliziertes, gastfreundliches Lokal mit einem hohen Anspruch an Küche und Keller. Der Apfelwein wird selbst gekeltert, auf der Karte stehen die Frankfurter Spezialitäten, sei es der Handkäs, die Grie Soß oder das Schäufelchen. Je nach Saison gibt es aber auch Wild-Wochen, Gänseessen oder Pilzgerichte, freitags verschiedene Fisch-Angebote. Berühmt und beliebt sind die bekanntermaßen üppigen Dax-Portionen. Im Sommer finden im Innenhof immer wieder Live-Jazzkonzerte statt.

Adresse Willemerstraße 11, 60594 Frankfurt am Main, Tel. 069/616437, www.apfelwein-dax.de | **ÖPNV** Bus 30, 36, Straßenbahn 15, 16, S 3, S 4, S 5, S 6, Haltestelle Lokalbahnhof; Straßenbahn 14, 18, Haltestelle Frankensteiner Platz | **Öffnungszeiten** Mo–So 12–24 Uhr | **Tipp** Eine Dependance von Harry's New York Bar – wie überall in der Welt sehr gediegen, mit viel Holz und Leder – gibt es auch in Frankfurt, in einem der spannendsten Hochhäuser der Stadt am Walther-von-Cronberg-Platz 1. Live-Piano-Musik und feine Cocktails und Drinks inklusive.

27 Der Dauth-Schneider

Irische Wirtsleute bewahren Frankfurter Tradition

An schönen Sommerabenden finden mehr als 200 Menschen an den langen Holztischen unter lauschigen Kastanienbäumen auf dem malerischen Affentorplatz und im schönen Hofgarten ein Plätzchen zum »Petzen« und Schmausen. Ebenso wie in den geschmackvollen Gasträumen mit viel Holz, Spiegeln und impressionistischen Boulevardszenen an den Wänden wird hier mit selbst gekeltertem Äppelwoi und deftigen Speisen Frankfurter Tradition gepflegt. Dafür verantwortlich sind im Dauth-Schneider seit vielen Jahren die Wirtsleute Lorna und Paul O'Sullivan, sie stammt aus Schottland, er aus Irland.

Als der Gärtner Schneider hier vor mehr als 170 Jahren mit dem Ausschank seines selbst gekelterten Apfelweins begann, nutzte er einfach das Wohnzimmer seines schönen, schiefergedeckten Hauses als Gastraum. Schon bald hing der Fichtenkranz mit Apfel in der Mitte vor der Wirtschaft, und es galt: »Wo's Kränzche hängt, wird ausgeschenkt.« Bis 1900 hieß das Lokal »Lieber Alter«, nach der Heirat der Tochter Johanna mit Carl Dauth »Dauth-Schneider«. Fünf Generationen lang blieb das Apfelweinlokal in den Händen der Familie.

2003 übernahm dann der – inzwischen pensionierte – Gastronom Klaus Borsch mit seinem Koch Paul O'Sullivan das Gasthaus, das sie renovierten und modernisierten. Das Angebot auf der Karte wurde beispielsweise um Flammenkuchen, Matjeshering und Breitenlesauer Landbier erweitert, aber die Küche blieb klassischen Frankfurter Spezialitäten von Handkäs und Grie Soß bis Rippchen und Haspel verpflichtet. Das Publikum könnte gemischter kaum sein – neben den vielen loyalen Stammgästen wird das Lokal mit 180 Plätzen in den Gasträumen gern auch zu privaten und geschäftlichen Feiern gebucht, aber auch viele Touristen freuen sich an dem typischen Apfelweinlokal. Nicht selten geht es richtig rund in dem trubeligen Lokal – für Ruhesuchende meist nicht ideal.

Adresse Neuer Wall 5–7, Klappergasse 39, 60594 Frankfurt am Main, Tel. 069/613533, www.dauth-schneider.de | **ÖPNV** Bus 30, 36, Straßenbahn 15, 16, S 3, S 4, S 5, S 6, Haltestelle Lokalbahnhof; Straßenbahn 14, 18, Haltestelle Frankensteiner Platz; S 1, S 5, Haltestelle Ostendstraße | **Öffnungszeiten** Mo–So 11.30–22 Uhr | **Tipp** Der Kuhhirtenturm in der Großen Rittergasse 118, ein gotischer Wehrturm aus dem 14. Jahrhundert, dient heute als Erinnerungsstätte für den Komponisten Paul Hindemith (1895–1963).

28 Das Denkmal Karls

Geschichte und Geschichten vom Apfelwein

Der Heimatdichter Adolf Stoltze griff einst mit derber Ironie eine geheime Sehnsucht lokalpatriotischer Frankfurter auf. Karl der Große selbst soll vor 1.200 Jahren nicht nur die Stadt Frankfurt gegründet, sondern hier auch die Wurzeln der Apfelweinkultur gelegt haben, fabulierte der Sohn Friedrich Stoltzes auf gut Frankfurterisch. Historiker bestätigen lediglich, dass der Kaiser wesentlich die Kultur des Apfelanbaus und die Techniken der Verarbeitung gefördert habe.

Eine drei Meter große Statue Karls des Großen (747–814) steht zu Ehren des Herrschers über das fränkische Reich in Frankfurt am Mainufer bei der Alten Brücke. In roten Sandstein gehauen, mit Schwert und Reichsapfel ausgestattet, blickt der Karolinger auf die Bankentürme der Stadt, die dank seiner als »Franconofurd« (Furt der Franken) 894 erstmals urkundlich erwähnt wird. Das Denkmal ist aber nur eine Kopie – das Original aus dem Jahr 1843 steht seit 2013 im Historischen Museum. Ziemlich sicher hat der Karolinger Apfelwein genossen, unterstützte er doch ganz besonders den Apfelanbau, der nachweislich auch zum Herstellen von Apfelmost diente.

Als einer der frühesten Belege für den Apfelwein in der Region gilt seine um 800 niedergelegte Landgüterverordnung »capitular de villis vel curtis imperii«. Sie enthält Vorschriften zu Landwirtschaft und Handwerk. Neben Schmieden, Schustern und Bäckern geht es darin auch um qualifizierte Brauer, »die Bier, Apfel- und Birnenmost oder andere gute Getränke zu bereiten verstehen«.

Auch weil Karl ein reisender Herrscher ohne feste Residenz war, strebte er überall in seinem großen Reich nach bestmöglicher Qualität in Landwirtschaft und Handwerk. Dabei kümmerte er sich um Details, forderte vor allem große Sauberkeit. Er entschied sogar über Apfelsorten, bevorzugte lagerfähige Winteräpfel oder Früchte, die sich schon früh im Jahr ernten ließen.

Adresse Alte Brücke, Sachsenhäuser Ufer, 60547 Frankfurt am Main | ÖPNV Straßenbahn 14, 15, 16, Haltestelle Lokalbahnhof, dann 500 Meter Fußweg | Tipp Die Galerie Portikus mit Werken zeitgenössischer Kunst befindet sich in unmittelbarer Nachbarschaft auf der Maininsel. Man erreicht sie über die Alte Brücke.

29 Der Ebbelwei-Express

Die Kneipe auf Schienen

Die große Stunde des »Ebbelwei-Express« kam im Winter 2013. Für mehr als 400 moderne Straßenbahn-Triebwagen war das 67 Kilometer lange Schienennetz Frankfurts wegen vereister Oberleitungen lahmgelegt. Allein mit den robusten Straßenbahn-Oldtimern aus den 1950er Jahren konnte die Eisschicht von den Leitungen gekratzt werden. Die zwei »Ebbelwei«-Bahnen wurden zu lokalen Helden. Im Unterschied zu anderen Oldtimern waren sie sofort betriebsbereit. Denn die vom Künstlerpaar CM und Estine Estenfelder grellbunt mit Frankfurter Motiven bemalten Straßenbahnen sind seit 1977 in ständigem Betrieb.

Vielerorts dienen Zug- und Straßenbahnwaggons als Bar oder Restaurant. Der »Ebbelwei-Express« allerdings verkehrt noch immer als Straßenbahn, ruckelt regelmäßig als mobile Kneipe entlang der 29 Stationen durch die Stadt. Bereits in den 1930er Jahren fuhr in Frankfurt die »Linie 0«, in der Apfelwein und Brezeln serviert wurden. Heute gibt es statt hessischer Volkslieder vom Grammofon einen Podcast zu den Sehenswürdigkeiten der Tour, entweder auf Hochdeutsch oder aber als hessisches Gebabbel. Der Schaffner, der hier auch der Wirt ist, weiß von Stammgästen, die sich regelmäßig in den rustikalen Wagen mit blau-weißer Himmelsdecke beim Stöffche sitzend durch die Stadt kutschieren lassen.

Bei der 60-minütigen Fahrt, die am Zoo beginnt und endet, tuckert man gemächlich durch die Altstadt, vorbei an Paulskirche und Römer. Im Bahnhofsviertel fährt die Bahn an schön restaurierten Gebäuden der Gründerzeit, vergammelten 1960er-Jahre Bauten, hochmodernen Bürotürmen und reißerischen Rotlicht-Etablissements vorbei. In der Münchner Straße passiert sie Spezialitätenhändler, Kneipen, Barbiere, Dönerbuden und Ramschläden, die die Vielfalt der multikulturellen Mainmetropole spiegeln. Vorbei am Hauptbahnhof, an Messe und Festhalle geht es dann über den Main ins Apfelwein-Viertel Sachsenhausen.

Adresse Straßenbahnhaltestelle Alfred-Brehme-Platz, 60316 Frankfurt am Main | ÖPNV U-Bahn U 6, U 7, Straßenbahn 14, Haltestelle Zoo | Öffnungszeiten Sa, So und Feiertage 13.30–18.45 Uhr | Tipp Der Frankfurter Zoo ist zwar ein eher kleiner, aber sehr berühmter Zoo mit einer großen Artenvielfalt. Der Eingang befindet sich direkt am Alfred-Brehme-Platz.

30 Der Ebbelwoi Hehl

Mutige Neueröffnung mit kleinen Kompromissen

Als der Gastronom Günter Hehl 2019 im eher ruhigen Stadtteil Niederrad sein Apfelweinlokal eröffnete, ahnte er nichts von den nahenden Widrigkeiten einer Pandemie. Ohnehin war es mutig, die alten Fachwerkräume eines seit Längerem geschlossenen spanischen Restaurants aufwendig und liebevoll zu restaurieren, um dann mit einem betont deutschen und regionalen Küchenkonzept zu werben. Die Fensterläden des Gasthauses wurden grün gestrichen, rustikales Mobiliar wurde angeschafft. Der Frankfurter Bildhauer und Maler Bertram Schüler schmückte die Wände mit traditionellen Apfelweinmotiven wie einem Bembel oder einem Apfelbaum. Der vielversprechende Start mündete 2020 dann abrupt wegen der Ausbreitung von Corona in großem Frust. Schließlich musste das Lokal, wie fast alle anderen Gaststätten auch, vorübergehend schließen.

Aber Günter Hehl ließ nie einen Zweifel an seinem Willen, so bald wie möglich wieder durchzustarten. Da er in dem Stadtteil aufgewachsen ist, kennen ihn viele Niederräder, die meisten nennen ihn freundschaftlich »Nini«. Inzwischen hat sich das Lokal weit über die Stadtteilgrenzen hinaus einen Namen gemacht. Die Küche bietet neben den deftigen Klassikern hessischer Küche wie Haspel, Rippchen oder »Himmel und Erde« (gebackene Blutwurst mit Apfelkompott) auch eine modernisierte Regionalküche wie Handkäs-Bratwurst oder Apfelwein-Bratwurst an. Viel Anerkennung erwarb sich Hehl auch mit einer eigenen, privaten Tafel-Aktion für Bedürftige während der Pandemie.

Das Stöffche bezieht er von der kleinen Kelterei Walther aus Bruchköbel. Aber auch das Bier des Lokals gilt als Spezialität: Das Kellerbier wird extra für das Niederräder Gasthaus nach einer »geheimen Rezeptur« gebraut. Im Sommer verwandelt sich der Hof in einen kleinen Biergarten, wo man im Schatten einer großen Kastanie an langen Tischen und Bänken sitzen kann.

Adresse Schwanheimer Straße 70a, 60528 Frankfurt am Main, Tel. 069/79211184, www.ebbelwoi-hehl.de | **ÖPNV** S 8, S 9, Haltestelle Niederrad Bahnhof, von dort 12 Minuten Fußweg | **Öffnungszeiten** Mo–Sa 17–23 Uhr | **Tipp** Der Frauenhof in der Frauenhofstraße 2 in Niederrad ist neben dem Bolongaropalast in Frankfurt-Höchst die einzige vollständig erhaltene Barockanlage in Frankfurt. Der einst als Fabrik errichtete Bau erhielt seinen Namen, weil er ab 1841 für einige Jahre dem Katharinen- und Weißfrauenstift gehörte.

31 Das Ebbelwoi Unser

Zotige Gesänge in Mephistos Wohnzimmer

Obwohl erst 2015 eröffnet, genießt das Lokal längst Kultcharakter. Zu verdanken ist das vor allem dem kreativen Talent des umtriebigen Besitzers Alexander Grund, der Seele des »Ebbelwoi Unser«. Der mutig geschminkte Weltenbummler mit Mephisto-Frisur macht aus seiner Liebe zu Männern keinen Hehl. Er kennt sich in Rom und New York bestens aus, was seiner Begeisterung für seine Stadt und die Apfelweinkultur keinen Abbruch tut. Der gebürtige Frankfurter schafft souverän den Spagat vom engagierten Volksschullehrer am Vormittag zum schräg-singenden, lästerlich-deklamierenden Travestiekünstler am Abend. Freitags und samstags wird das Gasthaus zur Bühne für den Wirt, der – gern auch blasphemisch und zotig – mit Gesängen und Gedichten Frankfurt und seinen Äppelwoi in den Himmel hebt.

Das oft brechend volle Wirtshaus ist eine Hommage an die Ideale von »Alex«, wie er von allen genannt wird, und Co-Besitzer Armin Brdanin. Ein »Wohnzimmer für Jung und Alt, für schicke wie ganz bodenständige Leute« soll das Lokal sein, »jeder soll mit jedem ins Gespräch kommen«. Auffallend ist die große Anzahl von Stammgästen, viele junge Leute, aber auch Rentner und Familien mit Kindern. An den langen Tischreihen oder den geräumigen Nischen in den holzgetäfelten, mit großen Spiegeln dekorierten Gasträumen befinden sich typische Sachsenhausen-Touristen meist in der Minderheit. Das liegt wohl auch daran, dass man rechtzeitig reservieren sollte, um einen Platz zu bekommen. Gerühmt werden der herzhafte Apfelwein der Kelterei Rothenbücher aus Schöllkrippen sowie die großen Portionen regionaler Hausmannskost auf hohem Niveau. Die tellerüberlappenden Wiener Schnitzel, die Grie Soß, der mit Leberwurst gefüllte Kartoffelkloß, der Kartoffelbrei oder die Bratkartoffeln, der Apfelstrudel und der Schokopudding werden alle frisch und ohne Fertigprodukte gekonnt in der Lokalküche zubereitet.

Adresse Abtsgäßchen 8, 60594 Frankfurt am Main, Tel. 069/97760685 | **ÖPNV** U 3, S 5, Haltestelle Frankensteiner Platz | **Öffnungszeiten** So–Do 16–24 Uhr, Fr, Sa 17–1 Uhr | **Tipp** An den Außenwänden des Ecklokals befindet sich ein Dutzend bunter Steinmetzarbeiten mit Motiven aus dem Paradies, aus Werkstätten oder Lokalen. Ihre einzige Gemeinsamkeit: Äpfel oder Apfelwein spielen in allen eine große Rolle.

32 Das Eichkatzerl

Petzen unter prächtigen Wandgemälden

Es gibt nicht viele Lokale in Sachsenhausen, die wie das Eichkatzerl mit gediegenem Stil und innenarchitektonischer Harmonie beeindrucken. Im großen Gastraum dominieren solides, dunkles Mobiliar und sparsamer Dekor, bestens abgestimmt auf die grüngelben Mosaikfenster und die Lampen mit warmem, gedämpftem Licht. Vor allem aber die ungewöhnlich großen, farbenfrohen Wandgemälde von Hans Schneider mit Frankfurt- und Apfelweinmotiven sind ein fast musealer Blickfang. Der Künstler hatte Anfang der 1950er Jahre im Eichkatzerl – wie auch im etwa einen Kilometer entfernten »Gemalten Haus« – seine stark heimatbezogenen Werke geschaffen.

Das Eichkatzerl gehört mit seiner etwa 150 Jahre alten Geschichte zu den ältesten Apfelweinlokalen des Stadtteils am Main. Das genaue Gründungsjahr ist nicht bekannt, erstmals offiziell erwähnt wurde das Haus aber 1880 als damalige Heckenwirtschaft. Seinen Namen erhielt das Lokal im Herzen Sachsenhausens vermutlich wegen der Eichhörnchen im Sommergarten – wo heute an den langen Holzbänken und Tischen etwa 120 Gäste Platz finden.

Die Speisekarte mit moderaten Preisen konzentriert sich auch in dieser Äppelwoi-Wirtschaft traditionell auf die regionalen Klassiker und Spezialitäten rund um Handkäs, Geselchtes, Hax'n, Grüne Soße und Schnitzel. Dennoch setzt der Koch des Eichkatzerl auch seine eigenen Akzente. Auf der Karte stehen besonders bodenständige, deftige Gerichte wie Handkäs-Frikadellen mit Bratensoße oder das beeindruckende »Sachsenhäuser Pfännchen« für eine Person, mit Teilen der Grillhaxe, dazu Leiterchen, Rippchen, Rindswurst, Sauerkraut und Bratkartoffeln. Es gibt aber auch ganz schlichte Speisen, die in einem Gasthaus eher selten sind, wie hausgemachte Spätzle mit Rahmsoße, und sogar ein kleines Angebot wirklich veganer Gerichte. Das naturtrübe Haus-Stöffche kommt von der renommierten Kelterei Herkert aus Geiselbach.

Adresse Dreieichstraße 29, 60594 Frankfurt am Main, Tel. 069/617480, www.eichkatzerl.de | ÖPNV Bus 30, 36, Straßenbahn 15, 16, S 3, S 4, S 5, S 6, Haltestelle Lokalbahnhof; Straßenbahn 14, 18, Haltestelle Frankensteiner Platz | Öffnungszeiten Mo–Fr 17–24 Uhr, Sa, So 16–24 Uhr | Tipp Das Literaturhaus Frankfurt auf der anderen Seite des Mains befindet sich im Gebäude der Alten Stadtbibliothek. Hier finden oft Lesungen statt, außerdem Diskussionen und andere Veranstaltungen auch für Kinder und Jugendliche.

33_Das Emma Metzler

Feinschmeckerlokal mit Apfelwein-Liebe

Auch in Frankfurt nehmen Spitzenrestaurants den Äppelwoi, traditionell das Getränk des einfachen Volkes, nicht sonderlich ernst – sofern das Stöffche überhaupt auf der Speisekarte renommierter Häuser auftaucht. Das Restaurant Emma Metzler, seit vielen Jahren eine der besten kulinarischen Adressen der Stadt, gehört zu der kleinen Anzahl von Lokalen, die ein ausgesprochenes Faible für Apfelwein haben. Zuweilen widmet sich sogar ein Themenabend kulinarischen Kreationen rund um den Äppelwoi.

Restaurantchef Anton de Bruyn hatte sich zwar 2017 bei der Übernahme des Lokals mit der schönen Terrasse mit insgesamt 120 Plätzen vorgenommen, das teure Image der ehemaligen edlen Sterneküche abzulegen. In dem Restaurant im architektonisch reizvollen Frankfurter Museum für Angewandte Kunst sollte mit einer »jungen Bistroküche« und schlichter Eleganz vor allem ein junges Publikum angesprochen werden. Mit diesem ambitionierten Konzept gewann de Bruyn die Ausschreibung der Stadt für die Führung des Museumsrestaurants. Allerdings kommen hier nach wie vor raffinierte Küchenkreationen auf höchstem Niveau auf den Tisch. Das Fleisch aus artgerechter Tierhaltung und das Bio-Gemüse und -Obst stammen aus der Region. Und neben zahlreichen guten bis exzellenten Bio-Weinen gibt es auch eine Palette von feinem Cidre (Apfelschaumwein), sowohl vom nahen Obsthof am Steinberg als auch aus Franken, der Schweiz und Frankreich – keine Flasche kostet hier weniger als 38 Euro.

Die Coronakrise veranlasste de Bruyn, ein Feinkost-Sortiment einzuführen. Heute kann man hier frisch gebackenes Sauerteigbrot, selbst gemachte Pasteten, eingelegte Salz-Zitronen, Öle, Aperitif-Essige und feinen Cidre erstehen und auch teils vorgekochte oder vorbereitete Gerichte mitnehmen, um sie zu Hause fertigzukochen. Das Programm war so erfolgreich, dass es auch nach Corona fortgesetzt wird.

Adresse Schaumainkai 17, 60594 Frankfurt am Main, Tel. 069/83040094, www.emmametzler.de | ÖPNV U1, U2, U3, U4, U5, U8, Haltestelle Willy-Brandt-Platz, dann 800 Meter Fußweg | Öffnungszeiten Di–Sa 12–23 Uhr, So 12–18 Uhr | Tipp Das Museum für Angewandte Kunst im selben Haus widmet sich der künstlerischen Gestaltung in den Bereichen Kunsthandwerk, Design, Mode, Buchkunst, Grafik und Architektur.

34 Die FAB

Jazz und Äppelwoi in den Schrebergärten

Moderne Livemusik steht hier im Mittelpunkt – aber durchaus in einem von Apfelwein durchtränkten Ambiente. Die Frankfurt Art Bar (FAB) liegt fast versteckt mitten in einer Schrebergartensiedlung im Süden des Apfelwein-Stadtteils Sachsenhausen. In dem gemütlichen Lokal mit der erstaunlich großen Bühne und der gut sortierten Bar sowie in dem schönen Biergarten wird der ausgezeichnete Bio-Schoppen der Kelterei von »Matsch & Brei« ebenso gepflegt wie hessische Speise-Klassiker.

Musikalisch dominiert Jazz, aber auch Folk-, Soul- und Blues-Gruppen treten hier auf. Ein Treffpunkt für Musiker, Künstler und andere Kreative will die FAB sein, den »kreativen Talenten, die in den unergründlichen Tiefen der Stadt schlummern« zur Verfügung stehen. Jeden Donnerstag dürfen sich am »Open-Stage-Thursday« unbekannte Künstler auf der Bühne versuchen.

Die Club-Besitzerin Janice Youngs will an diesem beschaulichen Ort, der früher eine Vereinsgaststätte war, umgeben von Sachsenhäuser Kleingärtnern ein inspirierendes und gleichzeitig unterhaltsames Umfeld für neue Ideen und Konzepte bieten. Zuweilen gibt es Ausstellungen von Fotografen und Künstlern aus der Region. Die aus England stammende Club-Chefin plant Theateraufführungen, auch Klein- und Aktionskunst sollen hier eine Bühne bekommen.

Anfangs blickten die Schrebergartenbesitzer in der Umgebung etwas skeptisch auf das ungewöhnliche Musik- und Kulturprojekt – bis sie feststellten, dass Konzerte und Feiern meist zu einer Uhrzeit begannen, zu der kaum noch jemand im Schrebergarten war. Und die beschwingten Klänge der sonntäglichen Jazz-Matinees lieben inzwischen auch viele Kleingärtner. Die FAB-Karte bietet neben regionalen Spezialitäten – etwa einem interessanten Apfel-Handkäsesalat mit Apfelweindressing – auch internationale Speisen wie Falafel-Burger, Seelachs an Orangencurry oder Kaiserschmarrn.

Adresse Ziegelhüttenweg 221, 60598 Frankfurt am Main, Tel. 069/63307938, www.frankfurtartbar.de | ÖPNV Bus 35, Haltestelle Gablonzerstraße; Straßenbahn 17, 18, S 3, S 4, Haltestelle Bahnhof Frankfurt-Louisa | Öffnungszeiten Di–Sa 17–24 Uhr, So 12–24 Uhr | Tipp Nur ein paar Meter entfernt befindet sich der Lerchesberg. In diesem nach dem Krieg entstandenen Viertel der Reichen und Prominenten gibt es eine architektonisch interessante Vielfalt von Luxus-Bungalows und Villen, die fast alle nach 1956 gebaut wurden.

35 Das Feuerrädchen

Wo sich die »Seele Frankfurts« offenbart

An Selbstbewusstsein fehlt es hier wahrlich nicht: Die Wirtsleute sind fest davon überzeugt, dass sich die »wahre Seele Frankfurts« in kleinen Apfelweinlokalen wie dem Feuerrädchen findet. Zwar werde »auf der anderen Mainseite mehr Geld verdient, schneller gelebt und härter gearbeitet, aber wirklich gelebt wird hier in Sachsenhausen«, heißt es in der Selbstbeschreibung des fast 120 Jahre alten Lokals. In den urigen Wirtshäusern säßen alle friedlich vereint, »die Berühmten der Stadt, die Denker, die Lauten, die Stillen, die Hübschen und die Wichtigtuer«.

Apfelweinlokale sind in der Tat berühmt für die gesellschaftliche Vielfalt und die gesellige Nähe des Publikums. Studenten und Rentner, Familien und Singles, Bauarbeiter und Akademiker, Hausfrauen und Geschäftsleute sitzen traditionell beim Bembel, Gerippte und Schoppedeckelchen (Deckel auf dem Apfelweinbecher) zusammen. Sehr ruhig geht es hier eher selten zu. An den großen Tischen und auf den langen Holzbänken sitzt man bequem, aber auch eng zusammen; schon das Konzept des Apfelweinlokals erlaubt in der Regel kaum Distanz zwischen den Gästen.

So ist es auch im Feuerrädchen, in dessen rustikaler Gaststube und im lauschigen Garten unter großen Akazien gern gefeiert, gesungen »oder einfach nur dumm Zeusch gebabbelt« wird, wie die Wirtsleute sagen. Stolz ist man hier darauf, dass 1958 die hübsche Tochter des damaligen Besitzers zur ersten Frankfurter Apfelweinkönigin gekrönt wurde. Sie wohnt noch heute im Vorderhaus des Lokals und ist dort als Gast stets willkommen. Das Stöffche kommt zwar vom Groß-Kelterer Possmann – ist aber ein für das Lokal speziell kreierter Apfelwein.

Auf der Karte gibt es die typischen Spezialitäten Hessens, vom Handkäs bis zur Frankfurter Platte mit Rippchen, Leiterchen, Kartoffelwurst, Frankfurter Würstchen und Dörrfleisch; dazu finden sich oft interessante Tagesgerichte auf der Schiefertafel an der Wand.

Adresse Textorstraße 24, 60594 Frankfurt am Main, Tel. 069/66575999, www.zum-feuerraedchen.de | **ÖPNV** S 3, S 4, S 5, S 6, Haltestelle Lokalbahnhof; Straßenbahn 16, Haltestelle Textorstraße | **Öffnungszeiten** Mo–Do 16–24 Uhr | **Tipp** Das »Textor 38« einige Häuser weiter in der Textorstraße 38 ist ein kleines Speiselokal mit gehobener internationaler Küche und einem sehr guten Ruf.

36 Das Frankfurter Fass

Hessische Spezialitäten in der Töngesgasse

Es passiert nicht häufig, dass Touristen aus den USA oder aus China dieselben Orte faszinieren wie radikal ökologische Grüne in Frankfurt. Dieser Laden in der Töngesgasse, wenige Meter vom Lebensmittel-Paradies der Kleinmarkthalle entfernt, ist allerdings ein solcher Ort. Denn zumindest wohl informierte Besucher der Mainmetropole wissen, dass es kaum ein zweites Geschäft gibt, in dem sie eine so vielfältige Auswahl Frankfurter und hessischer Spezialitäten finden wie im Frankfurter Fass.

Und besonders umweltbewusste Feinschmecker in der Stadt freuen sich, dass dieser Laden auf Verpackungsmaterial verzichtet, wo immer es geht. Eine große Auswahl von feinen, zum Teil säurereduzierten Essigen, ausgewählten Ölen, edlen Spirituosen, Likören sowie Weinen, alles in Glasballons, Tongefäßen oder Fässern, kann hier probiert und in wiederverwendbare Kanister oder Flaschen abgefüllt werden. Für Geschenke gibt es sogar originelle »Schmuckflaschen«.

Carina Jakoby, die mit ihrer Lebenspartnerin das Geschäft nun schon in der zweiten Generation führt, erfreut sich seit Jahren einer wachsenden Kundschaft, der auch bei Feinkost und Delikatessen die Nachhaltigkeit wichtig ist. Das »Fass« offeriert eine Vielzahl regionaler Spezialitäten, darunter Eigenproduktionen wie den »Grie Soos Vodka«, einen »Grie Soos Sämmpf« (Senf mit den Kräutern der Grünen Soße) und Mispeln in Apfelweinbrand. Zu den ungewöhnlichen Angeboten zählen auch ein »Bethmännchen-Eierlikör«, das »Frankfurter Babbelwasser« (süßer, naturtrüber Apfellikör), Cranberry- und Whiskey-Balsamessig, zahlreiche Brotaufstriche sowie würzig-scharfes Ingwer-Zitronen-Öl oder Macadamia-Nussöl und diverse Grillsoßen. Saisonale Produkte sind Marmeladen oder »Weihnachtsnudeln« in verschiedenen Geschmacksrichtungen. Die hochwertigen Apfelweinsorten und der Apfelwein-Champagner stammen von der Kelterei Stier.

Adresse Töngesgasse 38, 60311 Frankfurt am Main, Tel. 069/91395622, www.frankfurter-fass.de | ÖPNV alle S-Bahnen, U 1, U 2, U 3, U 8, Haltestelle Hauptwache, dann 400 Meter Fußweg | Öffnungszeiten Mo, Di, Do, Fr 10–18.30 Uhr, Sa 10–16 Uhr | Tipp Das etwa 200 Meter entfernte Café Liebfrauenberg ist ein sehr stilvolles, etwas altmodisches Kaffeehaus mit wunderbaren Kuchen und Torten.

37_Der Frankfurter Salon

Kultur-Wohnzimmer und Volksküche

Das geschmackvoll eingerichtete Café-Bistro möchte ein »zweites Wohnzimmer für Frankfurter« sein. Es ist ein soziales und kulturelles Projekt, das an die Tradition großer Salons des 19. Jahrhunderts anknüpfen soll. Sein Selbstverständnis drückt sich auch in dem Großporträt der Frankfurter Bürgersfrau Clotilde Koch an der taubenblauen Wand des Lokals aus. In dem berühmten Salon der Gattin des englischen Konsuls kamen vor über 150 Jahren liberale und frei denkende Politiker miteinander ins Gespräch. Solch ein elitäres Projekt ist der Salon heute kaum – aber dennoch ein außergewöhnlicher Ort.

Nur selten befindet sich ein Sozialprojekt in einer so teuren Top-Citylage wie dieses Café des Sozialverbands »Frankfurter Verein«. Seit über 100 Jahren kümmert er sich um die Integration von Menschen mit Behinderung, betreibt Kliniken, Wohnprojekte, Werkstätten und im Stadtteil Niederrad die Apfelwein-Manufaktur »Roter Hahn«. Auf der sowohl betont regional als auch orientalisch ausgerichteten Karte des Salons finden sich hochwertige Bio-Apfelweine aus Niederrad, hergestellt aus Äpfeln der heimischen Streuobstwiesen.

Der soziale Charakter des Café-Bistros spiegelt sich in der Integration einiger Menschen mit Behinderung in das Team und in den recht zivilen Preisen wider. Auch die Philosophie, dass sich hier Gäste auch mal länger aufhalten dürfen, zeugt von der Besonderheit des Salons. Das Lokal mit edlem Holzparkett, vielen kleinen Lampen, großen Gemälden und Fotos an den Wänden offeriert ein vielseitiges Kulturprogramm. Am Abend wird der Salon zur Bühne vor allem für noch wenig bekannte Künstler aus der Region. Die Palette reicht von Jazz, Chanson und Kammermusik bis hin zu Lesungen, Vorträgen und Diskussionsveranstaltungen. Der Eintritt ist frei, die Gäste werden gebeten, jeweils nach ihren Möglichkeiten etwas für Künstler oder Referenten zu spenden.

Adresse Braubachstraße 32, 60311 Frankfurt am Main, Tel. 069/247577757 | **ÖPNV** U 4, U 5, Haltestelle Römer | **Öffnungszeiten** Di–Fr 10–20 Uhr, Sa 13–20 Uhr, So 11–18 Uhr | **Tipp** Die Paulskirche, wo 1848 in der Nationalversammlung die erste deutsche Volksvertretung zusammenkam, wird heute als Gedenk- und Veranstaltungsstätte genutzt. Sie wurde im Krieg zerbombt und dann wieder aufgebaut.

38 Der Frau-Rauscher-Brunnen

Sogar Ampeln schmückt das Klappergass-Original

Das Denkmal gilt einer Frau, deren Namen niemand kennt. Auch kann sie sich kaum besonderer Verdienste rühmen. Der 1961 errichtete Brunnen mit dem »Fraa Rauscher«-Denkmal vom Bildhauer Georg Krämer hat zudem die irritierende Eigenschaft, dass in unregelmäßigen Abständen Wasser aus dem Mund der Frau herausschießt – und nicht selten Umstehende nässt. Mit der Skulptur wird ein Stadtoriginal gewürdigt, das im 19. Jahrhundert zur berühmtesten Lokalposse Sachsenhausens wurde. Ihren Namen erhielt sie vom Volksmund in Anspielung auf den jungen, noch gärenden Apfelwein, den »Rauscher«, dessen harmlose Süße oft die heftige alkoholische Wirkung kaschiert. »Fraa Rauscher« war dem 1887 uraufgeführten Volksstück »Alt-Frankfurt« von Adolf Stolze zufolge eine Marktfrau, die eines Sonntags wankend und mit einer Beule am Kopf in der Klappergasse Aufsehen erregte. Gaffer und Gassenjungen verspotteten die derangierte Dame. Ein Polizist schritt ein, nahm alles akribisch zu Protokoll und verdächtigte den anwesenden Ehemann, seine Frau misshandelt zu haben. Der Ordnungshüter vermerkte auch, dass das Paar offenbar heftig dem Äppelwoi zugesprochen hatte. Für die Frankfurter war der spätere Polizeibericht über den harmlosen Vorfall ein Beleg für den Übereifer der Polizei.

Die Groteske wurde bald zur Legende, schließlich zum populären Äppelwoi-Lied und lokalen Gassenhauer. Der 1929 aufgeschriebene Text von Kurt Eugen Strouhs wurde mehrfach vertont. Der Refrain fasst die Geschichte auf Frankfurterisch zusammen: »Die Fraa Rauscher aus de Klappergass, die hot e Beul am Ei, ob's vom Rauscher, ob's vom Alde kimmt, des klärt die Bolizei.« Bis heute wird Frau Rauscher besungen, auch die »Rodgau Monotones« erweisen ihr in der Hessen-Hymne »Erbarme, die Hesse komme« ihre Reverenz. »Fraa Rauscher« dient in Sachsenhausen sogar als Ampelmännchen.

Adresse Klappergasse 8, 60594 Frankfurt am Main | ÖPNV S 3, S 4, S 5, Haltestelle Lokalbahnhof; U 2, U 4, U 5, Haltestelle Frankensteiner Platz | Tipp Die Apfelwein-wirtschaft »Frau Rauscher« befindet sich im Haus genau hinter dem Denkmal. Das urige Lokal bietet zehn Sorten Apfelwein und überwiegend Bio-Küche.

39 Die Friedberger Warte

Malerische Ruheoase am Verkehrsknoten

Es ist überraschend, wie viel Lärm jahrhundertealte Mauern abhalten können. Wer im schönen Innenhof der Friedberger Warte mit seinen alten, Schatten spendenden Kastanienbäumen sitzt, darf in erstaunlich ruhiger Atmosphäre seinen Äppelwoi petzen und sich an gegrillten Rippchen oder deftigen Hax'n laben. Dabei steht das denkmalgeschützte Bauwerk, einer der vier Wehrtürme des mittelalterlichen Frankfurt, von Fahrzeugen umtost im Zentrum eines Kreisverkehrs; schließlich befindet sich hier im Nordosten eine der wichtigen Ausfallstraßen der Mainmetropole. Das Wirtshaus mit den dunkel getäfelten, gepflegten Gasträumen mit soliden Holzbänken und -tischen schaut auf eine über 200-jährige Geschichte zurück. Allerdings wechselten hier allein in den letzten 20 Jahren mehrfach die Besitzer. Das liegt nicht zuletzt an der trubeligen »Location«, denn auf den ersten Blick vermutet man an diesem Verkehrsknotenpunkt kaum ein idyllisches, gemütliches Lokal.

Eine gewisse Unruhe prägt seit jeher die Geschichte der Warte: 1634 wurde sie im Dreißigjährigen Krieg von umherziehenden Kroaten zerstört. Nach dem Wiederaufbau diente sie der Verteidigung des lange nicht eingemeindeten Ortes Bornheim und später dann als Zollstation und Brandwache. 1815 wurde sie schließlich eine Äppelwoi-Wirtschaft, wobei diese Tradition aber auch immer wieder mal durchbrochen wurde – zeitweise wurde hier ein indisches Speiselokal betrieben.

Inzwischen lockt am höchsten Punkt des Stadtteils Bornheim, dem Eulenberg, wieder ein »Bier- & Apfelweinlokal Friedberger Warte« mit betont regionaler Küche. Große Fußballereignisse wie Weltmeisterschaften können hier immer auf einer großen Leinwand und zahlreichen Monitoren verfolgt werden. Aber auch Floh- und Weihnachtsmärkte, Spezialitätenwochen oder kulturelle Veranstaltungen wie ein »Hate-Slam« oder Comedy-Abende stehen zuweilen auf dem Programm.

Adresse Friedberger Landstraße 414, 60389 Frankfurt am Main, Tel. 069/592465, www.friedbergerwarte.de | ÖPNV Straßenbahn 18, Haltestelle Friedberger Warte | Öffnungszeiten Mo–So 17–22 Uhr | Tipp Auf dem 300 Meter entfernten Hauptfriedhof mit monumentalen Eingangsportalen und inmitten gepflegter Gartenarchitektur sind viele Prominente wie die Schriftsteller Friedrich Stoltze und Ricarda Huch oder die Philosophen Arthur Schopenhauer und Theodor W. Adorno begraben. Mehr als 900 Grabstätten stehen unter Denkmalschutz.

40__Das Gemalte Haus

Stammtische behaupten sich gegen Touristenscharen

Zum Leidwesen der Touristen finden sich in allen weltberühmten Lokalen besonders viele Touristen. Das Gemalte Haus in Sachsenhausen ist da keine Ausnahme, auch wenn viele Frankfurter hier Stammgäste sind. Einer der Prominenten ist der Schriftsteller Martin Mosebach, den schon seine Eltern als Kind hierher mitnahmen. Die Küche bietet alle Frankfurter Klassiker – die Speisekarte gibt es in neun Sprachen, auch an Gäste aus Japan und China wurde gedacht. Traditionsgemäß wird hier, abgesehen vom Schnitzel mit Bratkartoffeln, nichts gebraten – alles nur gekocht. Neben dem Renner, den hausgepökelten Rippchen, gibt es allerlei geselchtes Fleisch vom Schwein und Rind sowie Rinderleber- und Blutwürste.

Das Stöffche, mit Speierling und Quitten verfeinert, stammt zum Teil aus den Holzfässern der eigenen Keller sowie von einer Kelterei in Bruchköbel, die den Apfelwein gemäß den Rezepten des Gemalten Hauses produziert. Auch der inzwischen selten gewordene »Süße«, der Most der im Herbst frisch ausgepressten Äpfel, wird hier noch weitgehend selbst gemacht. Das Lokal, das es seit 1890 gibt, ist betont traditionsbewusst und hat Anklänge an die recht spartanische Küche, wie sie Apfelweinwirtschaften bis in die 1960er Jahre auszeichnete. Damals konnten die Gäste zum Essen noch ihren selbst gekelterten Apfelwein mitbringen, oder aber sie tranken das Stöffche des Lokals und kauften beim Brezelbub, der mit seinem Korb durch die Äppelwoi-Kneipen zog, Brezeln oder das harte, lebkuchenartige Haddebrot. Heute gibt es in Frankfurt nur noch eine Handvoll Brezelbuben.

Seinen Namen verdankt das pittoreske, weitläufige Lokal mit einem Außenbereich im Hof den großen, heimatbezogenen Fresken an den Wänden der Gasträume und der Innenhöfe sowie an der Vorder- und Rückseite des Gebäudes, gemalt 1951/52 von Hans Schneider. Seit Generationen gehört die Gaststätte der Familie Hanauske.

Adresse Schweizer Straße 67, 60594 Frankfurt am Main, Tel. 069/614559, www.zumgemaltenhaus.de | **ÖPNV** U1, U2, U3, U8, Haltestelle Schweizer Platz; Straßenbahn 15, 16, Haltestelle Schwanthalerstraße | **Öffnungszeiten** So–Do 16–24 Uhr, Fr, Sa 17–1 Uhr | **Tipp** Das Südbahnhof Musiklokal in dem neoklassizistischen Bahnhofsgebäude aus dem Jahr 1914, etwa 300 Meter südlich vom Gemalten Haus am Diesterwegplatz, bietet ein vielseitiges Programm mit Musik, Theater, Kabarett und Festen.

41 Die Gerbermühle

Wo Goethe sich von seiner Muse inspirieren ließ

Der malerische Ort im Osten Frankfurts, direkt am Main gelegen, ist bei Familien und Liebespaaren, Jung und Alt, Äppelwoi-Genießern und Gourmets gleichermaßen beliebt. In der Gerbermühle, wo sich einst Johann Wolfgang von Goethe verliebte und am 28. August 1815 seinen 66. Geburtstag feierte, befindet sich heute ein feines, modernes Hotel und ein anspruchsvolles Restaurant mit großem Garten. Gleich daneben lockt ein prächtiger Biergarten, in dem mehr als 300 Menschen Platz finden. Hier gibt es Äppelwoi und Bier, Deftiges vom Grill und Frankfurter Schmankerl, aber auch feine Weine und Shrimps.

Die wechselvolle Geschichte dieses idyllischen Fleckens, heute mit einem wunderbaren Blick auf die Frankfurter Skyline, begann im 14. Jahrhundert. 1311 entstand in dem damals sumpfigen Gebiet ein Lehngut mit Wasserhof und Getreidemühle. Hohe Mauern und ein Wassergraben schützten das Herrenhaus mit fünf Nebengebäuden. Im 17. Jahrhundert diente die Mühle erst als Farb- und Schleifmühle, dann als Gerberei – so erhielt das Anwesen seinen Namen. Im 19. Jahrhundert wurde es zunehmend als Sommerdomizil genutzt. Ab 1814 war Goethe hier oft zu Gast beim befreundeten Bankier Johann Jakob von Willemer. Der damals 65 Jahre alte Dichterfürst verliebte sich in die 30-jährige Ehefrau des Hausherrn, Marianne von Willemer. Dass drei ihrer Gedichte Eingang in sein Werk »West-östlicher Divan« fanden, zeigt, wie sehr Goethe sie auch als Künstlerin schätzte. Manche Szenen im »Faust« sollen vom Flair der Gerbermühle inspiriert sein. 1896 vernichtete ein Brand das Anwesen teilweise, nach der Sanierung wurde es ein populärer Gasthof. Nach den Zerstörungen im Zweiten Weltkrieg musste die Gerbermühle in den 1970er Jahren wiederaufgebaut werden, später wurde sie dann aufwendig restauriert. Viele Spaziergänger und Radfahrer nutzen heute den schönen Weg entlang des Mains vom Frankfurter Museumsufer bis zur Gerbermühle.

Adresse Gerbermühlstraße 105, 60594 Frankfurt am Main, Tel. 069/68977790, www.gerbermuehle.de | **ÖPNV** Straßenbahn 15, 16, Haltestelle Buchrainplatz, von dort 700 Meter zu Fuß; S 1, S 2, S 8, S 9, Haltestelle Offenbach / Kaiserlei, von dort etwa 1 Kilometer zu Fuß | **Tipp** Die »Borussia«, keine 200 Meter entfernt, bietet eine Alternative, wenn vor allem an schönen Sommertagen der Garten der Gerbermühle voll ist. Von dem Gartenlokal, das einst einem Ruderclub diente, hat man einen eindrucksvollen Blick auf den Main.

42__Das Gref-Völsings

Das etwas andere Frankfurter Würstchen

Die Metzgerei Gref-Völsings gehört seit fast 130 Jahren für jeden Frankfurter Lokalpatrioten zu den Kulteinrichtungen der Stadt. Der Fleischerladen ist aber auch Bestandteil der Geschichte der Frankfurter Juden. Das 1894 von Fleischermeister Karl Gref und seiner Frau Wilhelmine gegründete Geschäft war von Anfang an eine beliebte Adresse für die jüdische Gemeinde. Ihre Mitglieder, unter ihnen auch die Familie Rothschild, hatten seit 1864 – und damit für deutsche Verhältnisse sehr früh – alle Bürgerrechte zugebilligt bekommen. Grefs Geschäft bot von Anfang an Brühwürste aus reinem Rindfleisch an, was besonders die jüdischen Kunden interessierte, deren Speisevorschriften Frankfurter Würstchen aus Schweinefleisch verbieten. Glatt koscher sind Rindswürstchen heute nicht mehr, auch wenn sie weiterhin nur aus Rindfleisch bestehen.

Die Metzgerei erwarb sich in der Frankfurter Gesellschaft rasch einen guten Namen, der Erfolg wurde mit vielen Goldmedaillen bei Kochkunstmessen Anfang des letzten Jahrhunderts deutlich. Die Würste von Gref-Völsings gehören seit jeher in zahlreichen Apfelweinlokalen zum betont regionalen Menüangebot. Die heute in der fünften Generation familiengeführte Metzgerei ist seit 1913 im Frankfurter Ostend beheimatet. Täglich werden hier etwa 7.000 Rindswürste hergestellt.

Erkennungszeichen sind seit 1940 blaue Metallclips am Wurstende. In dem populären Eckladen findet man heute nicht nur das Gref-Völsings-Sortiment – einschließlich eines selbst produzierten Apfelweinsenfs –, sondern auch ein umfangreiches Angebot von frisch zubereiteten Speisen sowie natürlich heiße Würstchen, angefangen von der berühmten Rindswurst bis hin zu den lokalen Gelb- und Fleischwurstsorten. Mittags sind die Stehtische oft dicht umlagert, auch viele ausländische Mitarbeiter der nahen Europäischen Zentralbank gehören inzwischen zu den Stammkunden.

Adresse Hanauer Landstraße 132, 60314 Frankfurt am Main, Tel. 069/433530, www.gref-voelsings.de | **ÖPNV** Straßenbahn 11, Haltestelle Osthafenplatz | **Öffnungszeiten** Mo 7–14 Uhr, Di–Fr 7–16 Uhr, Sa 7–13 Uhr | **Tipp** Das imposante Gebäudeensemble der Europäischen Zentralbank, bestehend aus der ehemaligen Großmarkthalle aus dem Jahr 1928 sowie zwei architektonisch spannenden Hochhaustürmen, befindet sich wenige hundert Meter entfernt in der Sonnemannstraße 20. Es gibt ein Besucherzentrum, Führungen sind nach Absprache möglich.

43 Das Größenwahn

Nordend-Treff von 68ern und Avantgarde

Ein wenig gleicht die Frankfurter Edelkneipe dem legendären Café de Flore im Künstlerviertel Saint-Germain des Prés. Zwar gehen in dem populären Nordend-Lokal nicht wie im Pariser Eckcafé literarische Giganten wie Jean-Paul Sartre oder Simone de Beauvoir ein und aus. Aber immerhin galt das Größenwahn lange als Stammlokal von Satirikern der Neuen Frankfurter Schule wie Chlodwig Poth oder Robert Gernhardt, von Autoren wie Cora Stephan oder Bodo Kirchhoff und politischen Lokalmatadoren wie Joschka Fischer oder Daniel Cohn-Bendit. Ende der 1970er Jahre hatten die damaligen Jurastudenten Hans-Peter Hoogen und Hans-Jürgen Heine, beide Mitglieder der »Roten Zelle Jura«, das Lokal gegründet. Es wurde schnell zum Szenetreffpunkt der Linken und Alternativen, der Freaks und Anarchos, der Frauen- und der Schwulenbewegung. Das Größenwahn-Motto: »Die Welt soll wärmer und weiblicher werden.«

Bis heute ist es ein trubeliges, oft proppenvolles Lokal, im Sommer mit Tischen und Stühlen draußen. Noch immer mutet das Ecklokal mit der langen Theke ein wenig wie eine der vielen Wohngemeinschaften der alternativen Szene von früher an, mit Bildern und Fotos an den lila gestrichenen Wänden, einem alten Klavier in der Ecke. Die Küche ist ambitioniert, ohne teuer zu sein. Das Größenwahn findet sich in Gourmetführern als kulinarischer Geheimtipp, in dem sich auch Variationen der regionalen Spezialitäten finden wie beispielsweise »Coq au Apfelwein«. Das Stöffche selbst kommt von einem erstklassigen hessischen Kelterer.

Das Größenwahn war stets auch Schauplatz heftiger politischer Debatten und aufwühlender Gespräche. Niemand wunderte sich, als 2008 der damalige Kellner des Lokals, Sewastos Sampsounis, genannt Takis, den Größenwahn-Verlag gründete. Seither wurden erfolgreich über 100 Bücher verlegt, darunter auch einige mit direktem Bezug zum Lokal.

Adresse Lenaustraße 97/Ecke Nordendstraße, 60318 Frankfurt am Main, Tel. 069/599356, www.cafe-groessenwahn.de | **ÖPNV** Straßenbahn 12, Haltestelle Rohrbachstraße; U5, Haltestelle Glauburgstraße | **Öffnungszeiten** täglich 16–1 Uhr | **Tipp** Das Restaurant Nibelungenschänke mit griechischer Küche in der Nibelungenallee 55 ist ein legendäres Nordend-Szenelokal, das mit den Jahren immer gediegener geworden ist.

44 Das Grüne-Soße-Denkmal

Sogar eine WM für Frankfurts Delikatesse

Ein ungewöhnliches Kunstwerk im Stadtteil Oberrad würdigt das Frankfurter Nationalgericht, die Grie Soß. Das Denkmal für die Grüne Soße besteht aus sieben kleinen Gewächshäusern, jeweils eins für die Ingredienzen Borretsch, Kerbel, Kresse, Petersilie, Pimpinelle, Sauerampfer und Schnittlauch. Die verschiedenen Grüntöne der leeren Häuschen nehmen nachts dank einer Illumination den Farbton der jeweiligen Kräuter an. Tagsüber spiegeln sich auf den Außenflächen die Felder der Umgebung und bei günstigem Sonnenlicht die Frankfurter Skyline wider. Die künstlerische Idee: Dank der grünen Polycarbonatflächen wird das Stadtbild in Grün getaucht, und es entsteht der Bezug zum Frankfurter Traditionsgericht.

Die Grie Soß gehört zur Geschichte der Stadt. Angeblich soll schon Katharina Elisabeth Goethe, die Mutter des Dichterfürsten, die Soße zubereitet haben. Frankfurt würdigt die Spezialität entsprechend. Jährlich findet im Mai ein »Grüne-Soße-Festival« statt, bei dem die Köche der Stadt um die beste Zubereitung konkurrieren. Der Versuch, am 22. Juni 2017 bei einer Massen-Verköstigung mit Grie Soß einen Eintrag ins Guinnessbuch der Rekorde zu erreichen, scheiterte allerdings. Obwohl sich Restaurants, Firmen, Kantinen, Geschäfte, Theater und Museen beteiligten, wurde das Ziel, 231.775 Portionen zu verspeisen, knapp verfehlt. Da nützte es auch nichts, dass viele Wahrzeichen und Wolkenkratzer am Abend wie in einem grünen Fieber in den Farben der Kräuter angestrahlt wurden.

Die 2007 eingeweihte Installation sei das bislang einzige deutsche Denkmal, das einem Regionalgericht gewidmet ist, heißt es. Entworfen wurde das 100.000 Euro teure Denkmal von der Ludwigsburger Künstlerin Olga Schulz. Seit Jahren wird darüber gestritten, ob die leeren Häuschen nicht gefüllt werden sollten – mit Kräuterbeeten, Installationen oder anderen Kunstobjekten.

Adresse Kochstraße/Ecke Speckgasse, am Rand der Kräuterfelder, 60599 Frankfurt am Main | **ÖPNV** Straßenbahn 16, Bus 46, Haltestelle Bleiweißstraße | **Tipp** Der Waldspielpark Scheerwald im Sachsenhäuser Landwehrweg ist ein großer Park mit einem Wasserspielplatz für Kinder, einer Minigolfanlage, einer Rollschuhbahn und Sportplätzen.

45__Die Grüne Soße und Mehr

Spezialitäten rund um Äppelwoi und Grie Soß

Oberrad steht wie kein anderer Stadtteil Frankfurts für die lokale Spezialität Grie Soß, die seit 2016 sogar unter EU-Namensschutz steht. Weite Teile Oberrads sind landwirtschaftlich geprägt mit Feldern und Gärten, in denen Gemüse und eben die sieben Kräuter wachsen, die die Grie Soß ausmachen: Borretsch, Kerbel, Kresse, Petersilie, Pimpinelle, Sauerampfer und Schnittlauch. Auch das ungewöhnliche Denkmal für Frankfurts Nationalgericht, erstmals 1860 in einem Frankfurter Kochbuch von Wilhelmine Rührig beschrieben, steht in diesem Stadtteil. Nichts lag also für den heimatverbundenen Gastronomen Kai Abicht näher, als sein Restaurant am Buchrainplatz »Grüne Soße und Mehr« zu nennen. Hier dominiert vor allem heimische Küche, allerdings gibt es neben Handkäs und Rippchen auch ungewöhnliche Speisen wie das Blumenkohlgericht »Falsches Hirn«, ein Pferdegulasch oder den Falafel-Salat mit Mango-Dressing. Natürlich bietet das Lokal feine Apfelweine bekannter Keltereien an.

Abicht war es, der vor Jahren die Idee zu dem fünf Kilometer langen Grüne-Soße-Lehrpfad durch Felder, Wiesen und Gärten Oberrads hatte. Er wird heute nicht nur von Schulklassen, sondern auch von vielen Spaziergängern und Wanderern genutzt. Man kann Abicht, der auch eine zweite Gaststätte in Oberrad betreibt, wohl einen echten Lokalpatrioten nennen. Er liebe an seinem Stadtteil vor allem den Zusammenhalt der Bewohner, der in anderen Vierteln nicht so stark sei, sagt er. Sein Restaurant, das meist am jährlichen Grüne-Soße-Festival und am Wettbewerb um die beste Grie Soß teilnimmt, ist immer wieder auch Schauplatz kultureller Veranstaltungen. Dazu gehören Autorenlesungen aller Art, stets mit regionalem Bezug. Beispielsweise las der Frankfurter Kabarettist Jo van Nelsen aus den Erinnerungen des Autors und Schauspielers Wolf Schmidt, der als »Babba Hesselbach« Fernsehgeschichte schrieb.

Adresse Offenbacher Landstraße 357, 60599 Frankfurt am Main, Tel. 069/95015542, www.gruene-sosse-und-mehr.de | **ÖPNV** Straßenbahn 16, Haltestelle Buchrainplatz | **Öffnungszeiten** Di – Fr 10 – 24 Uhr, Sa, So 11 – 23 Uhr | **Tipp** Die Grüne Scheune in der Gerbermühlstraße 109 dient als Veranstaltungsort für Konzerte und Feste. Sie bietet ein abwechslungsreiches Programm und wird von drei Oberräder Gastronomen betrieben, darunter auch Kai Abicht.

46 Der Henscheid

Hommage an Frankfurter Satire-Schule

Frankfurt ist Heimstätte weltberühmter Soziologen und Philosophen, genialer Satiriker und Karikaturisten sowie des Äppelwoi und der Grie Soß. Vereint werden all diese Aspekte im Henscheid. Namensgeber des Lokals ist der Schriftsteller Eckhard Henscheid, der mit Satiriker- und Karikaturisten-Kollegen wie Robert Gernhardt und Chlodwig Poth die Satirezeitschrift »Pardon« und damit die Neue Frankfurter Schule (NFS) begründete – eine humorvolle Variante der Frankfurter Schule, unter der die Kritische Theorie von Theodor W. Adorno und Herbert Marcuse firmiert. Gernhardt oder Henscheid widmeten sich gesellschaftskritischer Theorien nicht wissenschaftlich, sondern literarisch: mit Grotesken, Nonsens-Romanen und komischen, hintersinnigen Gedichten.

Als die Eckkneipe im Frankfurter Stadtteil Bornheim 2014 eröffnete, zeigte sich Ehrengast Henscheid gerührt. Der Autor der »Trilogie des laufenden Schwachsinns« verwies darauf, dass sich das Leben der »Pardon«-Redakteure ebenso wie das der Protagonisten seiner Romane wie »Die Vollidioten« wesentlich auch in Lokalen abgespielt habe. Das Henscheid pflegt Traditionen: An der Wand befinden sich neben zwanzig Wackeldackeln, Karikaturen und Texten auch zwei Zille-Zeichnungen, die 1972 das legendäre, seit Langem geschlossene Gasthaus Mentz im Nordend schmückten. Das war die Stammkneipe sowohl der Soziologen der Frankfurter Schule als auch der FNS-Autoren. Die Speisekarte des Lokals, das auf den ersten Blick sehr bodenständig wirkt, ist bemerkenswert anspruchsvoll: Das Fleisch stammt vom Vogelsberger Berkshire-Schwein und wird in verschiedenen Schnitzelvarianten – zum Beispiel mit Grie Soß oder Apfel-Quittenrahm – angeboten. Das Honig-Schmorhühnchen mit Chili, Ingwer und Knoblauch kommt mit Schlonz (Zwiebel-Apfel-Gemisch). Der ausgezeichnete Äppelwoi Geiselbacher Gold aus dem Spessart kann auch vom Fass abgefüllt mitgenommen werden.

Adresse Mainkurstraße 27, 60385 Frankfurt am Main, Tel. 069/43051888, www.henscheid-frankfurt.business.site | **ÖPNV** Straßenbahn 14, Haltestelle Freiligrathstraße | **Öffnungszeiten** Mo–So 17–22 Uhr | **Tipp** Die Jazzbar Mosaik in der Freiligrathstraße 57 ist ein renommierter kleiner Jazzclub mit Kneipenatmosphäre und Livemusik, zuweilen ist auch Blues und Folk im Programm.

47__Der Hessen Shop

Accessoires rund um Bembel und Äppelwoi

Heimatliebende Hessen, insbesondere die Frankfurter, finden hier ihr Konsum-Schlaraffenland. Hunderte von Artikeln, verziert mit Symbolen von Stadt und Land, füllen die Regale des Hessen Shops, der auch noch drei Filialen in der Stadt hat. Dazu gehört natürlich alles rund um den Apfelwein, vom Bembel bis zum Schoppedeckelchen, aber auch Kleidung, Schmuck, Haushaltswaren, Delikatessen, Spirituosen, Kosmetik, Technik-Spielereien, Lampen und Kerzen, lustiger, nützlicher oder auch kitschiger Kram für Wanderer und Kunstliebhaber, Radler, Autofahrer und ganz besonders die Fans der Frankfurter Eintracht.

Verehrer von Johann Wolfgang von Goethe finden im Hessen Shop Buchstützen, auf denen der Meister farbenfroh-frech gemalt vor einem Teller Würstchen sitzt. Es gibt den Meister als Bethmännchen, als Salzstreuer und auf Schokotalern. Eine Kunstzeichnung, die wie ein Scherenschnitt wirkt, zeigt das Genie vor der modernen Skyline der Mainmetropole. Oder aber man kauft ein knalliges Blechschild, auf dem dick prangt: »Hier war Goethe nie«. Seine Bücher sucht man im Shop vergebens; dafür finden sich ein polyglotter Struwwelpeter in sieben Sprachen, die profunden Äppelwoi-Fachbücher von der Branchen-Koryphäe Jörg Stier – wie sein »Bembel, Deckel und Gerippte« – und natürlich Romane von Norbert Rojan, Autor, Verleger und Besitzer der Hessen Shops.

Wer wissen möchte, wie der oft knurrige Hesse so ist, wenn er wirklich sauer wird, sollte sich das hessische Schimpfwortspiel »Hannebambel« besorgen. Um in Stimmung zu kommen, werden CD-Aufnahmen vom Mundartdichter Rainer Weisbecker (»Allaa bei Äppelwein«) und vom Kabarettisten Michael Quast angeboten, der Texte von Friedrich Stoltze liest. Videos mit der legendären Gebabbel-Kultserie »Die Familie Hesselbach« garantieren Lokalpatrioten hessische Nostalgie. Und für den Hessen im Exil gibt es Magnete mit der Aufschrift: »My home is where my Bembel is«.

Adresse Filialen: Kleinmarkthalle, Hasengasse 5, 60311 Frankfurt am Main, www.hessen-shop.com | Öffnungszeiten Kleinmarkthalle: Di–Fr 10–18 Uhr, Sa 10–16 Uhr | Tipp Die St.-Katharinen-Kirche ist die evangelische Hauptkirche Frankfurts, schon die Goethe-Familie ging hier zum Gottesdienst. Der im Zweiten Weltkrieg zerstörte Barockbau wurde wieder aufgebaut (An der Hauptwache 1).

48__Der Homburger Hof

Bembel, Kegel und Frankfurter Kreationen

In Paris mag man sich an einer »Étagère fruits de mer« mit Austern und Hummerschwänzen laben, im Homburger Hof lockt die Frankfurter Variante dieses Delikatessen-Turms: Auf »Hombis Weckglas Etagere« finden sich diverse Zubereitungen eines kräftigen Wetterauer Handkäses, zudem Grüne Soße mit Ei, Schneegestöber (ein pikantes Gemisch von angemachtem Camembert und gewürztem Frischkäse) sowie frisches Krustenbrot.

Das unprätentiöse, klassisch eingerichtete Apfelweinlokal im beschaulichen Frankfurter Stadtteil Eckenheim überrascht auch sonst mit einer ambitionierten und kreativen Regionalküche. Das »Hessen-Schnitzel-Deluxe« kombiniert ein gratiniertes Schweineschnitzel mit Schneegestöber und Grie Soß, der »Frankfurter Seitensprung« vereint ein Rumpsteak mit Garnelen und der klassischen Kräuter-Schmand-Soße.

»Ein Ort für Bembelkultur« nennt sich der Homburger Hof. Dementsprechend wichtig ist hier der Äppelwoi. Sowohl der selbst gekelterte Apfelwein namens »Unser Elfter« als auch verschiedene andere sortenreine Stöffche renommierter Keltereien der Region werden in 4er-Bembeln (ein Liter) und diversen Zwischengrößen bis hin zum mächtigen 20er-Bembel (fünf Liter) angeboten.

Bereits seit 1880 gibt es dieses urige, besonders kinderfreundliche Lokal mit seinen drei Gasträumen und dem schönen Innenhofgarten. Gasthauschef Andreas Kimmel lädt regelmäßig zu »Bembelkultur-Abenden« mit Apfelweinverkostungen, Lesungen und Künstlern. Die vier Kegelbahnen des Gasthauses stammen noch aus den 1950er Jahren, lagen lange unbeachtet unter den Dielen. Inzwischen sind sie sehr oft ausgebucht – benannt sind sie nach Frankfurter Urgesteinen: der Volksschauspielerin Liesel Christ, dem Eintracht-Fußballstar Bernd Nickel (»Dr. Hammer Nickel«), dem ehemaligen Oberbürgermeister Rudi Arndt (»Dynamit Rudi«) und der Luxus-Prostituierten Rosemarie Nitribitt.

Adresse Engelthaler Straße 13, 60435 Frankfurt am Main, Tel. 069/95416242, www.homburgerhof.com | ÖPNV Bus 39, Haltestelle Engelthaler Straße; U 5, Haltestelle Ronneburgstraße, von dort knapp 400 Meter zu Fuß | Öffnungszeiten Mo–Do 17–23 Uhr, Fr, Sa 11.30–24 Uhr, So 11.30–23 Uhr | Tipp Etwa 300 Meter vom Lokal entfernt, in der Eckenheimer Landstraße 326, befindet sich der 56 Meter hohe Turm der katholischen Herz-Jesu-Kirche. Das Ende des 19. Jahrhunderts errichtete Bauwerk ist das Wahrzeichen Eckenheims, das dazugehörige Kirchenschiff ein Nachkriegsbau.

49_Das Hotel Libertine

Ein Idealist für ein lebendiges »Alt-Sachs«

Solche Hotels gibt es nicht viele. Der Immobilienentwickler Steen Rothenberger hat hier in Sachsenhausen mit großem persönlichen Engagement ein ungewöhnliches Hotel mit Wohngemeinschafts-Charakter geschaffen. Die Gäste können sich in einer »Kochlandschaft« unter dem Dach ihre Mahlzeiten zubereiten. Im Keller befindet sich neben dem Fitnessraum auch ein Tonstudio. Das stylische Café im Erdgeschoss wird von Designermöbeln und einer mächtigen Espressomaschine geprägt. Das »Libertine Lindenberg« sticht hier in den engen Gassen Alt-Sachsenhausens deutlich aus dem irritierenden Gemisch aus traditionellen Apfelweinlokalen und billigen Imbissstuben, Karaoke-Bars sowie Shisha-Lounges heraus.

Die wohl wichtigste Zielgruppe dieses charmanten Hotels und gemütlichen Cafés sind erfolgreiche junge Leute, Künstler und andere Kreative. An den liebevoll und modern eingerichteten 27 Zimmern und Suiten in dem aufwendig renovierten Haus aus der Gründerzeit sollen auch Langzeitmieter Gefallen finden. Das junge Personal in Hotel und Café ist entspannt und sehr freundlich. Es gibt selbst gemachten Kuchen und Bio-Delikatessen, gute Weine und selbst gekelterten Apfelwein vom nahen Atelier-Haus »Der kleine Mann mit dem Blitz«, das ebenfalls der Familie Rothenberger gehört.

Rothenberger, der gern ein weiteres Haus mit dem erfolgreichen Libertine-Konzept in »Alt-Sachs« eröffnen würde, engagiert sich seit Jahren, um den bedrohten Stadtteil aufzuwerten und zu schützen. Seine Projekte in Sachsenhausen sollen helfen, lokale Traditionen zu bewahren und mit innovativen Konzepten neu zu beleben. Es ist so etwas wie eine Kampfansage an den Geist des Ballermanns. In den engen Gassen soll es am besten künftig auch tagsüber wieder lebendig sein, Familien sollen in die oft sanierungsbedürftigen Fachwerkhäuser einziehen, normale Alltagsläden wie Bäckereien und Cafés eröffnen. So der Traum.

Adresse Frankensteiner Straße 20, 60594 Frankfurt am Main, Tel. 069/66161550, www.das-lindenberg.de | **ÖPNV** S 3, S 4, S 5, Haltestelle Lokalbahnhof; U 2, U 4, U 5, Haltestelle Frankensteiner Platz | **Tipp** Die nur dienstags bis donnerstags geöffnete Bar Bonechina in einem barocken Fachwerkbau in der Großen Rittergasse 64 – auch ein Rothenberger-Projekt – hat keinen Tresen und wirkt eher wie ein Wohnzimmer. Ein Elefant aus Porzellan, der hausgemachtes Tonic Water für Longdrinks speit, steht im Zentrum des Raumes, in dem nur 20 Gäste Platz haben.

50_Der Kanonesteppel

Wo man über die Freundlichkeit staunt

Frankfurter laden ihre Gäste von weither besonders gern ins Kanonesteppel ein, um ihnen ein typisches Sachsenhäuser Apfelweinlokal zu zeigen. Das traditionsreiche Gasthaus mit seiner 120 Jahre alten Geschichte wird nur sehr selten von Touristenbussen angesteuert, es ist mit seiner gediegen-rustikalen Einrichtung und seinen regionalen Klassikern auf der Karte ein Lieblingslokal vieler Frankfurter, darunter auch lokale Promis aus Verlagen, Bühnen und Fernsehsendern. Allerdings unterscheidet sich der Kanonesteppel in mancher Hinsicht von anderen Sachsenhäuser Äppelwoi-Wirtschaften.

Das beginnt schon beim ungewöhnlichen Namen. Auf dem gemalten Aushängeschild vor dem Eingang in der Textorstraße wird klar, was Kanonesteppel sind: So nannte der Volksmund im 18. Jahrhundert gedrungene Infanteristen, die die Kanonen – damals Vorderlader – stopften. Mundartdichter Friedrich Stoltze widmete zwei Kanonesteppeln, die angeblich ihre Kanone zum Keltern von Äpfeln benutzten, ein spöttisches Gedicht auf die politischen Verhältnisse damals.

Sehr selten findet man Gourmetkritiker, die sich mit den Speisen von deftigen Apfelweinlokalen beschäftigen. Anders beim Kanonesteppel, der im Sommer auch mit Plätzen an Holztischen im lauschigen Innenhof unter großen Ahornbäumen lockt – ein Grund, in der warmen Jahreszeit rechtzeitig in dem populären Lokal zu reservieren.

Der renommierte Wiener Food-Autor Christian Seiler ist nicht der Einzige, der die harten Eier mit Grie Soß als »sehr, sehr gut« würdigte. Das ausgezeichnete, frisch zubereitete Essen wird immer wieder von Reiseführern hervorgehoben. Außergewöhnlich ist schließlich, dass das Apfelweinlokal für die Freundlichkeit von Wirt und Kellnern gelobt wird. Schließlich gehört der raue, meist eher missmutige Ton zum Image der Hessen – ganz besonders aber der Bedienungen in Apfelweinlokalen.

Adresse Textorstraße 20, 60594 Frankfurt am Main, Tel. 069/66566466, www.kanonesteppel.de | **ÖPNV** Straßenbahn 16, Haltestelle Lokalbahnhof/Textorstraße | **Öffnungszeiten** Mo–Sa 11–22.30 Uhr | **Tipp** Auf der etwa 400 Meter entfernt liegenden Alte Brücke, die nach mehreren Kriegsschäden wiederaufgebaut wurde, standen im 18. Jahrhundert Kanonen zum Schutz der Stadt. Heute findet sich hier neben einem Denkmal für Karl den Großen auch der Brickegickel (Brückenhahn) auf einem Kruzifix mit Sandsteinsockel.

51 Die Kelterei Nöll

Vielfach ausgezeichnete Apfel-Getränke

Deutschlands Wirtschaftskraft ruht auch auf der lebendigen Tradition von Familienunternehmen in allen Branchen, die mit Spezialisierung und Spitzenqualität oft weltweit anerkannt sind. Abgesehen von der globalen Bedeutung trifft diese Beschreibung auch auf einige hessische Apfelweinkeltereien zu – beispielsweise für den Betrieb der Familie Nöll. Das schlichte, einstöckige Stammhaus im alten Ortskern des wenig attraktiven Frankfurter Stadtteils Griesheim strahlt Bescheidenheit und Bodenständigkeit aus.

Die herausragenden Apfel-Getränke des Hauses haben allerdings unzählige Preise und Auszeichnungen errungen, darunter mehr als 50 Medaillen der Deutschen Landwirtschaftsgesellschaft DLG. Auch das Bundeslandwirtschaftsministerium ehrte 2019 die Kelterei mit der höchsten Auszeichnung der deutschen Ernährungswirtschaft. Nölls Apfelgetränke finden sich auf den Karten einiger Frankfurter Spitzenrestaurants und Bars. Denn das Stöffche des Familienbetriebs zählt zu den Premiumprodukten der Branche. Das hat auch seinen Preis: Sortenreine Apfelweine wie »Braeburn« oder »Schöner von Boskop« kosten mehr als neun Euro pro Liter – das ist viermal so teuer wie Nölls gleichfalls prämierter Hausapfelwein. Zur Palette des Hauses gehören aber auch Apfelsäfte, Apfelschaum- und Perlweine, der im Holzfass gereifte Dessertwein »Äppel-Dream« sowie Apfelliköre und Brände.

Seit 1876 gibt es den Griesheimer Betrieb, der sich erst 1962 von einer Küferei – der Werkstatt eines Fassmachers – zum Kelterer wandelte. Zuvor war es mehr ein Familienhobby, nebenbei auch Apfelwein für den Eigenbedarf zu keltern. Der heutige Chef Alexander Nöll, der das Unternehmen in der fünften Generation leitet, betont die Bedeutung von hervorragenden Äpfeln für die Weiterbearbeitung. Die meisten Früchte kommen von einem Bauern aus Kriftel, der die Ernte von Hand pflücken lässt, damit die Äpfel nicht beschädigt werden.

Adresse Alt-Griesheim 8, 65933 Frankfurt am Main, Tel. 069/381442, www.noell-apfelwein.de | ÖPNV S 2, Haltestelle Griesheim, von dort 550 Meter Fußweg | Öffnungszeiten Mo, Mi–Fr 9–13 und 15–18.30 Uhr, Sa 9–13 Uhr | Tipp Der nahe Main lockt zum Spazierengehen. Auf dem Weg durch die Grünanlagen des Griesheimer Ufers finden sich zahlreiche Bootsanlegestellen sowie Spielplätze.

52 Die Klappergasse

Apfelweinlokale im Kampf mit der »Vorhölle«

Das Ringen um die Seele Alt-Sachsenhausens währt schon viele Jahre. Es ist ein Kampf gegen den tosenden Ungeist der »Vorhölle«, wie die »Frankfurter Allgemeine Zeitung« 2020 einmal die Stimmung an manchen Samstagabenden beschrieb. Dann wird das Viertel zur Partymeile, wo schrill und laut Junggesellenabschiede gefeiert werden, grölende, alkoholisierte junge Leute im Ballermann-Stil durch das kleine Vergnügungsviertel ziehen. Seit Jahrzehnten schon wehren sich alteingesessene Sachsenhäuser und traditionelle Apfelweinlokale gegen die wachsende Zahl von Dönerstuben, Hamburgerstationen, Billigdiskotheken, Shisha-Bars und Pizzerien in ihrem Viertel. Die Verantwortlichen der Stadt fanden ordnungspolitisch nie ein Rezept gegen die wachsende Verwahrlosung des Amüsierviertels am Main, das zu den Aushängeschildern der Messestadt gehört.

Der Kampf der Gasthauskulturen spiegelt sich auch im Zentrum Alt-Sachsenhausens wider, der Klappergasse. Als hier 2012 aus einem persischen Lokal mit »Frau Rauscher« wieder eine richtige Apfelweinwirtschaft wurde, galt das als ein wichtiges Signal für den Erhalt des traditionellen Charakters des Viertels. Gleich neben dem Gasthaus befindet sich der Frau-Rauscher-Brunnen. Schräg gegenüber steht das »Steinern Haus«. Das spätgotische Bauwerk aus dem 15. Jahrhundert ist eines der ältesten noch erhaltenen Wohnhäuser Frankfurts. Neben Apfelweinlokalen gibt es in der schmalen Gasse, die von Weltkriegsbomben weithin verschont blieb, auch eine Rock-Kneipe, einen Nachtclub, eine Bierschwemme und ein kolumbianisches Restaurant.

Umstritten ist, woher die Klappergasse ihren Namen hat. Manche Stadthistoriker halten es für wahrscheinlich, dass hier Leprakranke untergebracht waren. Im Mittelalter mussten »Aussätzige« mit dem Gebimmel und Geklapper von Schellen, Glocken oder Ratschen die Bürger warnend auf sich aufmerksam machen.

Adresse 60594 Frankfurt am Main | **ÖPNV** S 3, S 4, S 5, Haltestelle Lokalbahnhof; U 2, U 4, U 5, Haltestelle Frankensteiner Platz | **Tipp** Das Deutsche Filmmuseum ist in einer historischen Villa am Museumsufer untergebracht, hier befindet sich auch das Deutsche Filminstitut. Ein vielseitiges Museum mit wechselnden Ausstellungen zur Geschichte und Gegenwart des Films (Schaumainkai 41).

53 Die Kleinmarkthalle

Edle Hessen-Produkte im Gourmetparadies

Der Bauch von Frankfurt ist keine Hochburg der regionalen Spezialitäten. Die Angebote an den fünf Dutzend Ständen und Läden der Kleinmarkthalle sind kosmopolitisch bunt wie die Mainmetropole selbst. Für feine Ohren wird aber beim Gang durch diese faszinierende, dreistöckige Markthalle mit Delikatessen und Spezialitäten aus aller Welt rasch deutlich, dass zuweilen auch der italienische Trüffelhändler, der Grieche am Olivenstand oder der türkische Metzger einen erstaunlich klaren Frankfurter Zungenschlag haben.

Auch die Stadt hat dafür gesorgt, dass die Besucher angesichts des internationalen Angebots nicht vergessen, wo sie sind: An der Außenwand der Kleinmarkthalle, die es an diesem Ort seit 1879 gibt, befindet sich das längste Graffito Frankfurts. Auf ihm prangen in bunten Farben die Lokalmatadoren Johann Wolfgang von Goethe und Heinz Schenk, Anne Frank und Otto Hahn, umrahmt von Handkäs und Apfelwein, allerlei Schinken, Gemüse und Obst. 2016 wurde das fröhliche, von einer Offenbacher Kunstagentur ausgeführte Gemälde feierlich der Öffentlichkeit übergeben – erfolgreich wurde damit den wilden Graffiti ein Ende gesetzt, mit denen zuvor die langen Wände der Halle bemalt worden waren.

Die Kleinmarkthalle ist einer der wichtigsten Orte, an dem sich Spitzenköche und Gourmets der Region versorgen, sei es mit weißen Trüffeln oder Wildschweinwurst aus dem Piemont, Paprikaspeck oder Sauerampfer aus Ungarn, Iberico-Filet oder Kumquats aus der Extremadura. Aber auch die sieben Kräuter für die Grie Soß, Handkäse in unterschiedlichen Reifegraden oder Geselchtes vom Schweinemetzger sind hier zu haben. Unter den Markthändlern gibt es manche stadtbekannte Originale. Zu ihnen zählt Ilse Schreiber mit ihrem Wurststand, an dem sich seit nunmehr über 40 Jahren mittags oft lange Schlangen Wartender bilden, um die heiße Gelb- oder Fleischwurst zu ergattern.

Adresse Hasengasse 5–7, 60311 Frankfurt am Main | ÖPNV alle S-Bahnen, U1, U2, U3, U8, Haltestelle Hauptwache, dann 500 Meter Fußweg | Öffnungszeiten Mo–Fr 8–18 Uhr, Sa 8–16 Uhr | Tipp Das Caricatura Museum für Komische Kunst am Weckmarkt 17 zeigt vor allem Texte, Zeichnungen und Plastiken von Künstlern der Neuen Frankfurter Schule.

54__Der Mann mit dem Blitz

Mit Kultur und Äppelwoi Sachsenhausen retten

Auch kleine Projekte können von großen Visionen zeugen. »Der kleine Mann mit dem Blitz« heißt ein ambitioniertes Kultur- und Wohnprojekt im Herzen von Alt-Sachsenhausen. Die Selbstbeschreibung belegt den großen Anspruch: »Ich bin mehr als ein Atelierhaus für Fotografie und Kunst. Ich bin eine Galerie. Ich bin eine Bar. Ich bin ein Pop-up-Restaurant.« Zudem natürlich auch ein kleines Theater, eine Apfelweinkelterei und eine »On- & Off-Location für Shootings und Veranstaltungen. […] Ich bin eine Kolchose. Ich bin ein kleiner Impuls für das neue Alt-Sachsenhausen.« Das moderne architektonische Kleinod ist eine Hommage an das Fachwerkhaus, das hier einmal stand. Die Architekten haben maschinell Zitterstriche auf die Fassade des Neubaus fräsen lassen, um an die alten Holzverstrebungen zu erinnern.

Das Projekt ist ein eindrucksvolles Statement für ein lebendiges Alt-Sachsenhausen, das mit alten Werten und neuer Kreativität der drohenden Verwandlung in ein billiges Vergnügungsviertel begegnen möchte. Das Haus ist nur eine von mehreren Investitionen der Unternehmerfamilie Rothenberger in Sachsenhausen. Die Rothenbergers versuchen mit großem Engagement, das Apfelweinviertel zu bewahren und zu entwickeln. Er liebe Sachsenhausen, gestand Steen Rothenberger einmal ein.

»Der kleine Mann mit dem Blitz« – ein Name, der auf den ersten Mieter anspielt, einen Fotografen – startete 2016 als unternehmerisches Gesamtkunstwerk. Der studierte Stadtentwickler Rothenberger schuf hier mit dem Fotografen Oliver Tamagnini ein facettenreiches Gebäude mit Räumen für Kunst, Unterhaltung, Arbeit und Wohnen auf 600 Quadratmetern. Um auch viele Bürger einzubeziehen, beteiligten Rothenberger und Tamagnini mittels Crowdfunding 80 Kleinanleger, die das Projekt mittragen. Der kleine Mann mit dem Blitz wartet immer wieder auch mit Konzerten von Folk- und Country-Musikern auf.

Adresse Kleine Rittergasse 11, 60594 Frankfurt am Main, Tel. 0176/569278 93 | **ÖPNV** S 3, S 4, S 5, S 6, Haltestelle Lokalbahnhof | **Öffnungszeiten** Do–Sa abends und nach Vereinbarung | **Tipp** Das traditionsreiche Lokal »Zu den drei Steuben«, etwa 200 Meter entfernt in der Dreieichstraße 28, ist ein typisches Sachsenhäuser Apfelweinlokal mit eigener Kelterei.

55_Der Lahme Esel

200 Jahre Äppelwoi-Geschichte in Niederursel

Unter 71.000 Gastronomiebetrieben als »bestes Schankhaus Deutschlands« ausgezeichnet zu werden ist ein seltenes Privileg. 2010 erhielt das traditionsreiche Apfelweinlokal »Zum Lahmen Esel« diesen renommierten Preis von Gastro-Award, einer Initiative der deutschen Gastronomie und Hotellerie. Bereits 2004 hatte die Gaststätte im Osten der Stadt den Gastro-Award Hessen als bestes Apfelweinlokal erhalten.

Das Lokal mit seinem Biergarten an einem Seitenarm des Urselbachs gehört mit 400 Plätzen zu den größten und ältesten Apfelweingaststätten Frankfurts. Etwa drei Dutzend Mitarbeiter sorgen sich um das Gästewohl. Das denkmalgeschützte barocke Fachwerkhaus mit Zierfassade dient bereits seit 1807 als Gasthaus. Bei der Generalüberholung 1994 wurde ein Anbau errichtet. Etwa 200 Gäste finden in mehreren rustikal und schlicht eingerichteten Räumen Platz, etwa genauso viele Plätze gibt es auf der überdachten Terrasse und im schattigen, ruhigen Garten. Der Schoppen stammt von der Kelterei Wenzel in Altenstadt-Rodenbach, die Küche ist gutbürgerlich. Das Lokal ist mit einem Spielplatz, zwei Kinderspielküchen im Gebäude, einem Wickeltisch, Kinderportionen und Malbüchern besonders kinderfreundlich.

Gastronom Thomas Metzmacher, seit mehr als 25 Jahren Apfelweinwirt aus Leidenschaft, demonstrierte in der bitteren Coronazeit 2020/21, als alle Lokale zeitweise schließen mussten, viel Kreativität. Er eröffnete die erste Äppelwoi-Drive-in-Kneipe der Welt. Die lokale Presse feierte das »Apfelweinlokal 2.0«. An einem kleinen Schalter am Hofeingang konnten Kunden im Auto sitzend bestellen und dann fast kontaktlos mit Hilfe einer langen Rutsche bezahlen, auf der Geld oder Kreditkarte in einer kleinen Kiste hin- und hergeschoben wurden. Nach ein paar Minuten Wartezeit glitten aus einem Fenster des Gasthauses gleichfalls auf einer Rutsche die gut verpackten Speisen und Getränke ins Auto.

Adresse Krautgartenweg 1, 60439 Frankfurt am Main, Tel. 069/573974, www.lahmer-esel.de | **ÖPNV** U 3, U 8, U 9, Haltestelle Niederursel | **Öffnungszeiten** Do–Sa 17–20 Uhr, So 11.30–14 und 17–20 Uhr | **Tipp** Nur 200 Meter vom Lokal entfernt verläuft der fast 14 Kilometer lange Mühlwanderweg. Auf der Teilstrecke in Niederursel passiert man die Krebs-, die Papier-, die Schilas- sowie die Ober- und Untermühle.

56__Das Lempenfieber

Beim Lemp locken Komödien, Kabarett und Kneipe

Ein Theater vermutet man in Berkersheim kaum. Umgeben von Streuobstwiesen und Äckern wirkt der Frankfurter Stadtteil eher wie ein beschauliches kleines Dorf. Einen Supermarkt, Fußballplatz oder Arzt sucht man hier im Nordosten der Stadt vergeblich. Aber mit dem »Lempenfieber«, einem Boulevardtheater, das zur traditionsreichen Apfelweinwirtschaft »Zum Lemp« gehört, lockt der 3.400-Seelen-Ort seit 2011 Besucher aus der ganzen Region. Das schlichte Theater mit 85 Plätzen in einem nüchternen Nachbargebäude des schönen, auch wegen seiner guten Küche gerühmten Gasthauses wurde von Sabine Koch und Sven Eric Panitz gegründet. Die mutige Theater-Idee kam dem Paar bei einem Spaziergang, bei dem die beiden auf das damals verwaiste Nebengebäude stießen. Die Pächter des 150 Jahre alten Traditionslokals ließen sich gern überzeugen.

Es braucht viel Idealismus und Optimismus, weitab der City eine Bühne zu schaffen, die sich selbst finanzieren muss. Programm, Büro, Werbung, Kartenverkauf, Kostüme oder Bühnenbild liegen bis heute in den Händen des theaterverrückten Gründerpaars. Die Protagonisten der Inszenierungen sind professionelle, teilweise durchaus bekannte Schauspieler aus der Region.

Die Komödien werden ebenso wie das Musikkabarett in der Spielzeit von September bis April ohne großen Aufwand, aber mit viel Liebe und Phantasie inszeniert. Meist handelt es sich um kleine Dramen und amüsante Grotesken des Alltags. Neben bekannten Titeln wie »Der dressierte Mann« oder »Zwei wie Bonnie und Clyde« gibt es auch viele Stücke, die Panitz – oft zusammen mit Marc Ermisch – geschrieben hat. Dazu zählen »Krach im Chianti«, worin es um die Tücken eines Toskana-Urlaubs zweier Paare geht, oder »Die Frau, die man nach dem Sex abschalten kann«, ein Stück über die herausfordernde Beziehung eines Mannes zu einer Roboterfrau mit künstlicher Intelligenz.

Adresse Berkersheimer Obergasse 12, 60435 Frankfurt am Main, Tel. 069/95411616, www.lempenfieber.de | ÖPNV S 6, Haltestelle Berkersheim, von dort Richtung Berkersheimer Bahnstraße 600 Meter zu Fuß | Öffnungszeiten Theater: Fr – So ab 18 oder 20 Uhr; Lokal: Di – Fr 17 – 23 Uhr, Sa 14 – 23 Uhr, So 11 – 22 Uhr | Tipp Am Herrenhof 42 findet man die 1766 erbaute evangelische Michaeliskirche mit einer spannenden Mischung historischer Relikte und stilvoll-moderner Innengestaltung.

57 Die Lohrberg-Schänke

Äppelwoi-Garten mit spektakulärem Ausblick

In unmittelbarer Nachbarschaft dieses traditionsreichen Apfelweinlokals auf dem Lohrberg befinden sich die einzigen Reben des Weinguts der Stadt Frankfurt innerhalb der Stadtgrenzen. Sie erinnern daran, dass der Weinanbau bis zur Mitte des 19. Jahrhunderts auch entlang des Untermains, an den Hängen des Taunus und in der Wetterau florierte. Historiker streiten darüber, ob der Klimawandel mit kälteren Temperaturen oder eine üble Reblausplage, eingeschleppt aus Amerika, den Winzern der Region den Garaus machte. Vielleicht stimmt beides. Fakt ist, dass es zum Ende des 19. Jahrhunderts immer weniger Reben, dafür aber immer mehr Obstbäume, insbesondere Apfelbäume, gab.

Von der schönen, weitläufigen Gartenterrasse der Lohrberg-Schänke auf dem 185 Meter hohen Frankfurter Hausberg im Nordosten der Stadt bietet sich ein phantastischer Blick auf die Wolkenkratzer-Skyline der Mainmetropole. Mehr als 300 Gäste finden hier Platz, teilweise gibt es Selbstbedienung. Bodenständig und rustikal präsentiert sich das vor einigen Jahren aufwendig renovierte Haupthaus mit einem Mobiliar aus massiver Eiche, Terrakotta-Fußböden und Kamin. Schöne Nebenräume – teils mit den Wandvertäfelungen eines 2012 geschlossenen Traditionslokals aus dem benachbarten Stadtteil Bornheim namens »Eulenburg« geschmückt – können für Feiern und Veranstaltungen gemietet werden.

Seit fast 100 Jahren kommen die Frankfurter auf den Lohrberg, um sich im Grünen mit einem Blick auf ihre Stadt an Äppelwoi, Handkäs und Grie Soß zu laben. Regionale Speisen prägen die Karte, der Apfelwein kommt von der Kelterei Stier. Die Schänke bietet auch ein buntes Programm mit Jazz-Frühschoppen, Veranstaltungen mit Mundartkünstlern und – mehrmals im Jahr – der Talkshow »Bembel & Gebabbel« des Medienmanagers Bernd Reisig. An diesen populären Veranstaltungen nehmen neben Künstlern häufig auch prominente Politiker aus Berlin teil.

Adresse Auf dem Lohr 9, 60389 Frankfurt am Main, Tel. 069/90476785, www.lohrberg-schaenke.de | **Anfahrt** über die Friedberger Landstraße Richtung Bad Vilbel bis zum Berger Weg, Ausfahrt Lohrberg | **Öffnungszeiten** Mo–So 11–23 Uhr | **Tipp** Der Huthpark in Seckbach, etwa 1,5 Kilometer Fußweg vom Lohrberg entfernt, ist eine sehr schöne Alternative für Spaziergänger, wenn der Lohrberg überlaufen ist – was an Sommerwochenenden oft der Fall ist.

58 Das Lorsbacher Thal

Die »größte« Apfelweinkarte der Welt

Das traditionsreiche »Daheim im Lorsbacher Thal« im Herzen von Sachsenhausen nennt sich bescheiden eine »Schankwirtschaft« mit »guter deutscher Küche«. In Wirklichkeit führen die Wirtsleute Pia und Frank Winkler hier ein anspruchsvolles und gepflegtes Apfelweinlokal, das inzwischen auch in Gourmetführern gelobt wird. Im schönen, dunkel getäfelten Gastraum mit langen Holztischen und -bänken werden bei warmem, hellem Licht mehrere selbst gekelterte, auch sortenreine Stöffche ausgeschenkt, die teilweise in historischen Holzfässern in den Gewölbekellern unter den Gaststuben gereift sind. Auf der Getränkekarte finden sich aber auch 150 Sorten feinster Apfelweine aus aller Welt, darunter Cidre aus Frankreich, Sidra aus Spanien, Siideri aus Finnland, Cider aus Großbritannien und Hard Cider aus den USA. Sogar ein dänischer Apfelweinlikör und edelste Cuvées im Barrique stehen auf der »größten Apfelweinkarte der Welt«, so Frank Winkler. »Apfelwein ist nicht mein Hobby, es ist meine Leidenschaft«, beschreibt er seine Motivation.

Die Speisekarte bietet herzhafte regionale Spezialitäten an wie andere Lokale auch, aber selbst bei den deftigen Schweinshax'n und Schäufelchen oder der Bauernbratwurst ist die ambitionierte Küche des Küchenchefs Antonio da Costa spürbar. Er betont, nur frische Zutaten zu verwenden und ohne jegliche Zusätze und Fertigmischungen zu kochen. Die Apfelweinwirtschaft hat eine Tradition, die bis ins Jahr 1803 zurückreicht. Als die neuen Pächter 2014 das Haus übernahmen, wurde es aufwendig renoviert und teilweise neu eingerichtet, mit historischen Fotos und Bildern, und mit vielen Bembeln, Kerzen und Kissen ausstaffiert, ohne aber den Charakter der Original-Schankwirtschaft zu verfälschen. Dem »Lorsbacher Thal« wurde ein »Daheim im« hinzugefügt, um die besonders gastfreundliche und gemütliche Einstellung der Wirtsleute deutlich zu machen.

Adresse Große Rittergasse 49, 60594 Frankfurt am Main, Tel. 069/616459, www.lorsbacher-thal.de | **ÖPNV** U 1, U 2, U 3, U 8, Haltestelle Südbahnhof; Straßenbahn 14, 15, 16, Haltestelle Lokalbahnhof; Bus 30, 36, Haltestelle Affentorplatz | **Öffnungszeiten** Mo, Do, Fr 16–23 Uhr, Sa, So 12–23 Uhr | **Tipp** »Zu den drei Steubern« in der Dreieichstraße 28 ist ein kleines, uriges Apfelweinlokal mit mehr als 100-jähriger Tradition: sympathisch altmodisch, viele Stammgäste, Frankfurter Küche, Soleier im Glas auf der Theke.

59_Das MainÄppelHaus

Lernen und genießen im Umweltprojekt

Der höchste Ort Frankfurts, an dem Äppelwoi entsteht, begeistert Kinder wie Wissenschaftler, Umweltfreunde wie »Schoppepetzer« (Apfelweintrinker), die Seckbacher Nachbarschaft ebenso wie Touristen. Da das MainÄppelHaus auf dem schönen Lohrberg im Nordosten Frankfurts in einem gepflegten, weitläufigen Park liegt, stört es niemanden, dass hier oft ganze Schulklassen unterwegs sind oder sich fröhliche Apfelweinrunden versammeln. Das MainÄppelHaus ist ein hoch geachtetes Projekt zur Pflege der städtischen Streuobstwiesen, offiziell »eine umweltpädagogische Informations- und Begegnungsstätte«. Für ihre kreative und vielfältige Arbeit bekam es 2018 den Frankfurter Umweltpreis verliehen. Das MainÄppelHaus mit seinem Naturerlebnisgarten informiert bei Führungen, Seminaren, Kursen und Veranstaltungen für Laien und Profis über das Thema Streuobstwiesen. Für Kinder gibt es zahlreiche Angebote, sie dürfen auch beim Ernten oder Keltern selbst mit Hand anlegen.

Im Hofladen liegen frisch gepflückte Äpfel aus – 70 Sorten werden hier angebaut –, aber auch, je nach Saison, frische Zwetschgen, Kirschen, Mirabellen, Johannisbeeren und Stachelbeeren von den umliegenden Wiesen und Gärten. Zudem kann man selbst gemachte Bio-Produkte wie Marmeladen, Apfelchips, Apfelsenf, »Apfelgeiles Wildchili«, allerlei Süßigkeiten und neben dem selbst gekelterten Apfelwein auch eigene Obstbrände und -säfte sowie im Herbst den »Lohrberger Schoppen«, einen frischen Süßen, erwerben. Nebenan im Äppel-Bistro und dem Apfelweingarten im Schatten großer Walnussbäume werden zum Äppelwoi und zu vielen frischen Säften kleine kalte Spezialitäten der Region angeboten. Aber es gibt auch den einzigen in Frankfurt gekelterten Traubenwein, den Seckbacher Riesling, dessen Trauben hier am Lohrberger Hang wachsen. Rund ums Jahr locken zudem zahlreiche Feste wie das Blüten-, das Äppel- und das Kräuterfest.

Adresse Klingenweg 90, 60389 Frankfurt am Main, Tel. 069/479994, www.mainaeppelhauslohrberg.de | ÖPNV U 4, Haltestelle Seckbacher Landstraße; Bus 43, Haltestelle Budge-Heim/Lohrberg | Öffnungszeiten Di–Sa 11–16 Uhr | Tipp Das etwa 1,5 Kilometer entfernte Seckbacher Ried ist ein unter Naturschutz stehendes Feuchtgebiet mit einem Weichholzauenwald. Hier findet man schöne Spazierwege.

60_Die Mainfähre

Stöffche auf dem Schiff

Die letzte Mainfähre Frankfurts hat eine bewegte Vergangenheit und eine überraschend fröhliche Gegenwart. Denn die »Gustav Kolb«, die zwischen den Stadtteilen Höchst und Schwanheim verkehrt, dient mindestens einmal pro Woche abends als schwimmendes kleines Lokal. Dann lädt der Inhaber des »Handkäs' Shop«, Kevin Bornath, zum »Stöffche auf dem Schiffche« ein, zu gemächlichem Schippern auf dem Main mit Äppelwoi der Kelterei Nöll und Handkäs in fünf raffinierten Variationen. Flussabwärts geht es vorbei an Wiesen, Obstgärten und kleinen Orten. Flussaufwärts passiert man auf dem Weg zum Osthafen gemächlich die Skyline der City. Auf den etwa dreistündigen Touren lauschen die Fahrgäste Anekdoten zur Stadtgeschichte oder erfahren vom Fährführer und Pächter Sven Junghans Wissenswertes über die lokale Binnenschifffahrt.

Schon im 17. Jahrhundert gab es hier eine Fähre. 1623 erwarb der Fährmann Jost Ferg für sieben Gulden das Fährrecht. Kaufleute und Reisende, Bauern und Hirten mit Waren und Tieren überquerten hier den 120 Meter breiten Main. 1911 wurde die Fähre modernisiert: Mit Hilfe eines »Gierseils« konnte das Boot nun auch schwere Autos transportieren – zu einer Zeit, in der Kutschen und Pferdewagen noch die Wege dominierten.

Im Frühjahr 1945 versenkten die Fährbetreiber ihr kleines Schiff in der Niddamündung, da die Wehrmacht wegen anrückenden Alliierten mit der Sprengung drohte. So konnte das Boot nach Kriegsende geborgen, repariert und mit neuem Motor ausgerüstet werden. In den 1990er Jahren drohte der Fähre aber das Aus. 60 Jahre nach einem Versprechen der Stadt an die Bürger der eingemeindeten Orte Höchst und Schwanheim wurde endlich die Mainbrücke errichtet. Die Fähre schien jetzt überflüssig, doch Bürgerproteste retteten sie. Allerdings befördert sie, nun nach dem ersten Frankfurter Oberbürgermeister nach dem Krieg benannt, nur noch Fußgänger und Radler.

Adresse Fährstelle Höchst, Anlegestelle Batterie, 65929 Frankfurt am Main, Tel. 0178/2880908 | **ÖPNV** S 1, S 2, Haltestelle Höchst, von dort 700 Meter zu Fuß | **Tipp** Die alte Höchster Mainfähre kann in der nahe gelegenen ehemaligen Schiffswerft Gustavsburg in Ginsheim-Gustavsburg besichtigt werden.

61 Die Mainlust

Auch ein Schlaraffenland für Schnaps und Whisky

»Desche-Otto« war ein leidenschaftlicher Apfelweinwirt, nicht nur im Frankfurter Stadtteil Schwanheim genoss er fast Kultstatus. Auch Jahre nach seinem Abschied wird die Mainlust, ein uriges Lokal mit rustikalen Holztischen, Kachelofen und Schoppegarten, von seinen Stammgästen »Desche Otto« genannt. Er hat nach fast fünf Jahrzehnten im Alter von 81 Jahren seinen Platz hinter der Theke verlassen.

Heute pflegen die Wirtsleute Claudia Olinski und Louie Holzinger die Traditionen des Gasthauses mit der über 130-jährigen Geschichte. Der Äppelwoi ist selbst gekeltert; wie schon bei »Desche Otto« gibt es auch mehrere Biere vom Fass und ein üppiges Angebot an harten Getränken: 165 Obstbrände (meist aus kleinen Spezialitätenbrennereien) und 115 Sorten Maltwhisky.

Das Wirtspaar ist wegen seiner herzlichen, direkten Art sehr beliebt. Die beiden machen aus ihrem Herzen keine Mördergrube: Holzinger, nebenbei Gitarrist und Sänger einer Irish-Folk-Band, erzählt den Gästen freimütig, dass er seine Claudia, eine gebürtige Schwanheimerin, schon seit langer Zeit heiraten möchte; die aber lehne seine Anträge lächelnd, aber deutlich ab.

Die Mainlust-Küche bietet typische Regionalgerichte an, allerdings auch kleine, originelle »Frankfurter Menüs«, die beispielsweise aus einem Apfel-Quitten-Wein als Aperitif, Spargel-Apfelwein-Sülzchen im Glas als Vorspeise und einer Cordon-bleu-Roulade mit Spargel und Frankfurter Grüner Soße als Hauptgang bestehen. Auf der Karte findet sich auch ein »Ich-bleib-heut-allein-Schnitzel« mit Chili, Schmorzwiebeln und viel Knoblauch. Beliebt sind die »Deckelchen«, eine Art Frankfurter Tapas: runde Apfelweinbrot-Schnittchen mit Schmalz, Handkäs, Solber (gepökeltem Schweinefleisch), Mett-, Leber- oder Blutwurst. Die Mainlust lädt regelmäßig zu Lesungen, Livemusik (Jazz, Folk und Chanson), Discoabenden sowie Wein- und Schnaps-Seminaren ein.

Adresse Hegarstraße 1, 60529 Frankfurt am Main, Tel. 069/356509, www.mainlust-schwanheim.de | **ÖPNV** Straßenbahn 12, Haltestelle Schwanheim Rheinlandstraße | **Öffnungszeiten** täglich 16–24 Uhr | **Tipp** Etwa 600 Meter entfernt, in der Rheinlandstraße 133, befindet sich das Frankfurter Verkehrsmuseum, dessen Hauptattraktionen alte Straßenbahnen sind.

62__Das McR&StM Pub

Äppelwoi trifft Guinness

Wer irische Pubs und lebendige Kneipen mit Gästen aus aller Welt liebt, gern einen süffigen Äppelwoi petzt und deftige hessische Küche mag und zudem noch Fan der Frankfurter Eintracht ist, der findet hier im Ostend nahe der Europäischen Zentralbank sein ideales Lokal. Das McR&StM ist ein putzmunterer Pub für etwa 60 Gäste, abseits der Innenstadt in der trendigen Hanauer Landstraße gelegen. Hier befinden sich zwischen Bürogebäuden, Fachkaufhäusern und Autohändlern zahlreiche In-Lokale, Clubs, Szene-Restaurants und stylische Bars.

Zwar dominieren in dem außen knallrot angestrichenen Lokal die irischen Biere vom Fass wie Guinness, Kilkenny oder Russell Ale, zudem gibt es saftige Chicken Wings, dicke, frisch zubereitete Hamburger und knackige Pommes frites. Aber auch der Apfelwein, das eingelegte Mispelchen und Frankfurter Spezialitäten wie Handkäs mit Musik, Grie Soß, Kartoffelwurst mit Schneegestöber oder Rippchen mit Kraut kommen in dem kleinen Backsteinbau zu Ehren. Im Sommerhalbjahr finden an den langen Holzbänken und -tischen im schönen Garten etwa 150 Gäste Platz.

Der rustikale Pub in dem kleinen, grell bemalten Backsteinbau steht im schroffen Kontrast zu den hochmodernen Gebäuden mit Glasfronten in der Umgebung. Das Lokal ist eine Kooperation der britischen Familie Russeldale mit Roman Schmidt-Peccolo, dem Chef der Sachsenhäuser Apfelweinwirtschaft Schreiber-Heyne. Der Pub-Name beziehe sich auf den in englischen Sagen und Geistergeschichten beschriebenen »Mc Roman & St Martin Pub«, wo angeblich eine rot schimmernde Fee ihren Liebeskummer beklage. Fußball- und wichtige Rugbyspiele werden hier auf großen Bildschirmen übertragen, zweimal im Monat gibt es Jazz-, Folk- oder Blues-Konzerte, zudem wird hier auch gern gefeiert, beispielsweise am Saint Patrick's Day. Das Lokal gilt als Geheimtipp der britischen Ausländergemeinde in Frankfurt.

Adresse Hanauer Landstraße 99, 60314 Frankfurt am Main, Tel. 069/40354572, www.frankfurtpub.de | **ÖPNV** U 6, Haltestelle Ostbahnhof; Straßenbahn 11, Haltestelle Ostbahnhof/Honsellstraße | **Öffnungszeiten** Mo–Mi, Fr 11–15 und 16–24 Uhr, Do 16–24 Uhr, Sa, So 15–24 Uhr | **Tipp** Das »Oosten« in der etwa 800 Meter entfernt liegenden Mayfarthstraße 4 ist ein reizvolles, modernes Restaurant am Main mit Industrie-Design, Biergarten und Terrassen.

63_Die Metzgerei Dey

Wo die Frankfurter Würstchen erfunden wurden

Die kleine, feine Metzgerei Dey in der neuen Altstadt Frankfurts steht für den Brückenschlag zwischen Mittelalter und Moderne. Dieser Gedanke prägt auch die Philosophie, mit der bis 2019 zwischen Dom und Römer 15 Fachwerkhäuser nach historischen Vorbildern sowie 20 architektonisch angepasste, moderne Bauten entstanden. Ein mehr als 200 Millionen Euro teures, kühnes Architekturprojekt, das in Frankfurt jahrelang für heftige Debatten sorgte. Nach seiner Fertigstellung ist die Kritik angesichts des großen Erfolgs weitgehend verstummt.

Das »Rote Haus« der Familie Dey, mit Schiefer auf Giebel und Dach, mit Sprossenfenstern in den drei vorragenden Etagen, gehört zu dem spannenden neuen Bauensemble am alten Hühnermarkt. Erstmals wurde das Haus im 14. Jahrhundert erwähnt, galt später als Zunfthaus der Metzger. Der Name bezieht sich auf eine Tradition der Reichsstadt, nach der Metzger ihre Häuser mit Ochsenblut streichen mussten. Im 18. Jahrhundert gab es noch 150 Metzger in der Altstadt.

Das heutige Dey-Geschäft wurde einer historischen Metzgerei mit offener Halle nachempfunden. Die Schiefermarkisen erinnern an die frühere Marktstand-Optik. Das heute von Steffen Fries und seiner Frau Stefanie in vierter Generation geführte Familienunternehmen entstand 1930. Das schöne Ladenlokal mit Fotos aus der Geschichte der Metzgerfamilie an den Wänden konzentriert sich vor allem auf ein hochwertiges Imbiss-Angebot für die Laufkundschaft. Besonders populär ist die große Wurstbraterei im Haus und im benachbarten »Neuen Roten Haus«. Frankfurter favorisieren unter den drei Dutzend Wurstsorten die rote und die gelbe Fleischwurst und natürlich auch die Frankfurter Würstchen, die seit 1720 ihren Weg von eben diesem Standort in die ganze Welt gemacht haben. Zudem gibt es frische Salate, belegte Brötchen, Frikadellen, Schnitzel, Grie Soß oder einen Handkäs mit Musik.

Adresse Markt 15, 60311 Frankfurt am Main, Tel. 069/294820, www.wurst-dey.de | **ÖPNV** U 4, U 5, Haltestelle Römer | **Öffnungszeiten** Mo–Do 10–18 Uhr, Fr, Sa 9–18 Uhr, So 11–16 Uhr | **Tipp** Der pittoreske, geschichtsträchtige Römerberg mit dem Rathaus, dem Römer, der Nikolaikirche, zahlreichen Lokalen und dem Justitia-Brunnen in der Mitte ist nur 200 Meter entfernt.

64_Der Momberger

Apfelwein im 500 Jahre alten Fachwerkhaus

»Rinnkomme, hiehogge, bestelle, ferdisch!!!« – so schlicht beschreiben die Wirte des »Momberger« auf gut Hessisch das Rezept, um sich in einem Äppelwoi-Lokal gleich heimisch zu fühlen. Mehr als »reinkommen«, sich dann »hinsetzen« und »bestellen« braucht es also nicht – »fertig« ist es, und: »Man ist nicht lange der Fremde, wenn man es nicht sein möchte.« Das urige Lokal in dem renovierten Fachwerkhaus im Frankfurter Stadtteil Heddernheim atmet ganz bodenständig und simpel den Geist der hessischen Apfelweinkultur.

Seit 1860 befindet sich das Gasthaus mit seinen Kegelbahnen in einem der fünf Gebäude des Landguts der Familie Momberger. Über mehrere Generationen hinweg lagen der landwirtschaftliche Betrieb und das Wirtshaus, das zunächst nur als Nebenerwerbs-Ausschank betrieben wurde, in den Händen der Familie. Vor fast 50 Jahren wurde das rustikale, etwas altmodisch eingerichtete Lokal mit dem schönen Garten an die Familie Greb verpachtet, die es – mit Hilfe ihrer beiden Söhne – bis heute ohne große Veränderungen führt. Das heißt, der Äppelwoi wird hier in den Kellern nach traditioneller Art und ausschließlich aus Früchten der Streuobstwiesen der Region selbst gekeltert. Die Speisekarte mit recht zivilen Preisen liest sich wie die Inhaltsangabe eines Kochbuchs für deftige hessische Hausmannskost – neben vielen Schnitzeln und Steaks gibt es hier natürlich die regionalen Klassiker wie Rippchen, Schäufelchen und Haspel.

Die jüngste Generation der Mombergers hat zwar nicht mehr direkt mit dem Gasthaus zu tun, dennoch haben Claudia Momberger-Friedsam und ihr Mann Manfred Friedsam, beide Lehrer, in den vergangenen Jahren die fünf Gebäude des Landguts mit großem Aufwand akribisch innen und außen restauriert. Schließlich reicht die Geschichte der Fachwerkhäuser bis in die Mitte des 16. Jahrhunderts zurück. Dabei blieb der gemütliche Innenbereich des Lokals unangetastet.

Adresse Alt-Heddernheim 13, 60439 Frankfurt am Main, Tel. 069/576666, www.momberger-frankfurt.de | **ÖPNV** U 1, U 2, U 3, U 8, Haltestelle Heddernheim | **Öffnungszeiten** So–Fr 16.15–24 Uhr | **Tipp** In der nahen Oranienstraße finden sich schön restaurierte, strohbedeckte Katen, die früher für Heddernheim charakteristisch waren.

65__Das Mosebach

Wo der Handkäs eine himmlische Geschichte hat

Literarisches hat in diesem Gasthaus ein Zuhause. Dabei hat das bodenständige Lokal gar nichts mit dem namensgleichen Frankfurter Schriftsteller Martin Mosebach zu tun. Aber Wirt Thomas Mosebach verbreitet eine bemerkenswerte Geschichte über seinen Vater Manuel, der das Lokal gründete. Demnach verschwand 1973 der damals Zehnjährige »auf sonderbare Weise« aus dem Elternhaus. Nach drei Tagen heimgekehrt, erzählte er von einer »wundersamen kulinarischen Erscheinung von Lichtgestalten« und einem »göttlichen Handkäs, der immer wieder nachwächst«. Die Mutter dankte dem Himmel und richtete ihrem Sohn eine Küche ein. Seither pilgerten »gläubige Menschen von nah und fern zum Mosebach, um an der segensreichen Speisung des immerwährenden Handkäses« teilzuhaben. Thomas habe den Handkäs mit Essig, Öl und Zwiebeln »getauft«, dabei sei himmlische Musik erklungen – die angebliche Geburtsstunde des »Handkäs mit Musik«. Deshalb sei das Mosebach heute Zentrum der »Internationalen Handkäs-Wallfahrer«.

Keiner der Stammgäste in dem gemütlichen, holzgetäfelten Gasthaus mit seiner schönen »Gaddewirtschaft« hinter dem Haus würde den Wahrheitsgehalt dieser etwas ungereimten Geschichte in Frage stellen. Zumal hier der Handkäs wie auch die preisgekrönte Grie Soß ausgezeichnet schmecken. Und in kaum einem anderen Lokal finden sich Spezialitäten wie Handkäse im Speckmantel auf Rahmsauerkraut, Handkäse mit Zwiebelmarmelade, Schinkenmarmelade oder Apfel-Meerrettich-Dip.

Pedanten und Besserwisser könnten monieren, dass es die Frankfurter Spezialität aus Sauermilch in dicker Talerform historisch betrachtet schon seit Jahrhunderten gebe. Für den wahren Äppelwoi-Schlotzer kommt auf den Handkäs stets die »Musik«– mit Betonung auf der ersten Silbe! Unverzeihlicher Fauxpas in Frankfurt: den Handkäs mit einer Gabel zu essen. Man benutzt nur das Messer und legt den Käs aufs Butterbrot.

Adresse Sandweg 29, 60316 Frankfurt am Main, Tel. 069/4930396, www.mosebach-frankfurt.de | ÖPNV S 1, S 5, Haltestelle Ostendstraße | Öffnungszeiten Mo–So 17–23 Uhr | Tipp Keine 200 Meter entfernt, in der Pfingstweidstraße 2, befindet sich »Die Katakombe«, ein kleines Theater mit einem abwechslungsreichen Programm von Comedy, Stand-up, Avantgarde und anderen Vorführungen.

66_Das New Backstage

Eintracht-Fankneipe mit Rock und Äppelwoi

Wer Rockmusik, deftige Hausmannskost und Eintracht Frankfurt liebt, der ist hier richtig. Zum betont bodenständigen Selbstverständnis der Besitzer dieses urigen Kultlokals gehört auch, dass der kräftige Apfelwein aus der kleinen, oft gelobten Spessart-Kelterei Gessner kommt. Angesiedelt ist Frankfurts wohl berühmteste Fußballkneipe im Nordend, traditionell Hochburg der 68er-Rebellen und der Studentenbewegung, der Linken und der Grünen, bevorzugter Stadtteil von Künstlern, Kreativen und anderen Individualisten. Eine gewisse 68er-Nostalgie spiegelt sich im »Backstage« sogar in dem großen, oft rappelvollen Raucher-Raum – wo an rot gestrichenen Wänden große Poster von Elvis und der Eintracht hängen und Fußball live auf einer Leinwand sowie auf Fernsehschirmen zu sehen ist. Hin und wieder wird an Sonntagabenden auch mal ein aktueller »Tatort« gezeigt. Das gleiche Programm gibt es natürlich auch auf Schirmen und Leinwand im etwas geräumigeren, rauchfreien Schankraum.

Neben Fußball und den berühmten Schnitzeln spielt die Musik eine Hauptrolle in der Kneipe, an deren Außenfassade an Fußball-Festtagen eine riesige schwarz-weiße Eintracht-Fahne hängt. Wenn örtliche Radio- und Fernsehsender hineinhorchen wollen in die Szene der Fans und Ultras, schicken sie die Reporter gern ins »Backstage«.

Mehrfach im Monat gibt es hier zudem Livemusik, oder der DJ legt auf – besonders gern Hardrock und Punk. In dem Ecklokal, in das vielleicht 120 Gäste passen, mischt sich auch beim Tanzen ungewöhnlicherweise junges Volk mit ergrauten Alt-Rockern oder Apo-Opas. Im Sommer kann man bei schönem Wetter auch an den Tischen im Vorgarten Küche und Fußball genießen. Meist zweimal im Monat gibt es in der legendären Nordend-Kneipe die Rate-Nacht. Unter der Leitung von Quiz-Mistress Ninja kämpfen sich zwei Teams aus maximal sechs Personen durch die stark musiklastigen Fragerunden.

Adresse Rothschildallee 36, 60389 Frankfurt am Main, Tel. 069/4691355, www.backstagefrankfurt.de | **ÖPNV** Straßenbahn 12, Haltestelle Rothschildallee | **Öffnungszeiten** Di–Do 17–24 Uhr, Fr 17–2 Uhr, Sa 14–4 Uhr, So 15–23 Uhr | **Tipp** Das »Feinstaub«, schräg gegenüber dem Backstage in der Friedberger Landstraße 131 gelegen, ist eine gemütliche Szene-Bar mit Kneipenatmosphäre und Plätzen im Garten. Zuweilen gibt es hier auch Livemusik.

67_Die Oberschweinstiege

Frankfurter Ausflugsziel seit 240 Jahren

Seit Generationen lieben die Frankfurter den idyllischen Gasthof am Jacobiweiher im Süden der Stadt. Vor allem im Sommer zieht es viele zur Oberschweinstiege mitten im Wald. Neben den 250 Plätzen in stilvoll eingerichteten Gaststuben können im großen Garten unter schattigen Bäumen mehr als 400 Gäste bewirtet werden. Die Tradition des Hauses reicht bis 1592 zurück. In das damals als »Oberwald« bezeichnete Waldstück wurden im Mittelalter wegen der vielen Eichen die Schweine der Frankfurter getrieben – deshalb der ungewöhnliche Name des Ortes. 1779 wurde hier ein Forsthaus errichtet, eine Schankerlaubnis ermöglichte dem Förster aber bald, das Anwesen zu einem populären Ausflugsziel umzugestalten.

Nach einigen Turbulenzen erlebt das Gasthaus mit dem Ehepaar Fedrau als neuen Pächtern dank umfangreicher Bau- und Renovierungsarbeiten seit 2015 eine neue Blüte. Die fünf Gasträume wurden mit edlem Holz und rustikalen Kronleuchtern aufgewertet, ein frei stehender Kamin installiert, der Weinkeller ausgebaut – wobei das Ambiente des alten Forsthauses kaum verändert wurde. Vor dem Gebäude wurde eine finnische Grillhütte errichtet, gleichfalls ein Holzpavillon mit einer Eisstockbahn. Zwar ist die Oberschweinstiege kein klassisches Apfelweinlokal, dennoch findet sich neben einem guten Äppelwoi eine betont hessische, gehobene Landhausküche, beispielsweise mit diversen Handkäs-Variationen oder einem Frankfurter Schnitzel mit Grie Soß. Da die Pächter gelernte Metzger sind, stammen Wurst- und Fleischwaren aus eigener Produktion.

Einzig Naturschützer sehen das fröhliche Treiben in der Oberschweinstiege mit Skepsis, fürchten sie doch um die Ruhe von Fledermäusen und Kröten. Zwar gibt es an der Zufahrt zum Restaurant einen Krötenschutzzaun; aber zur Laichzeit tragen an manchen Frühjahrsabenden trotzdem freiwillige Helfer des Naturschutzbundes Lurche über den viel befahrenen Waldweg.

Adresse Oberschweinstiegschneise 65, 60598 Frankfurt am Main, Tel. 069/697693710 | **ÖPNV** Straßenbahn 17, Haltestelle Oberschweinstiege | **Anfahrt** über die Darmstädter Landstraße Richtung Neu-Isenburg, nach 2 Kilometern vor einer Fußgänger-Holzbrücke nach rechts, 500 Meter zum Parkplatz Oberschweinstiege | **Öffnungszeiten** Mo–So 11–22 Uhr | **Tipp** Das auch architektonisch ungewöhnliche »Stadtwaldhaus« nahe der Straßenbahnhaltestelle Oberschweinstiege informiert über alle forstlichen und ökologischen Aspekte des Frankfurter Stadtwalds.

68 Der Obsthof am Steinberg

Bio-Betrieb und Hochburg moderner Apfelweinkultur

Dieses idyllische Landgut ist eine Hochburg moderner Apfelweinkultur. Berühmt sind die unternehmerische Kreativität, die Vielfalt der Produkte, die Veranstaltungen und Feste in diesem schon oft prämierten Bio-Landwirtschaftsbetrieb. Gegründet wurde er 1965 von Albert und Waltraud Schneider, die hier vor allem zahlreiche teilweise fast schon ausgestorbene Apfelsorten aus den vergangenen Jahrhunderten pflanzten.

Ihr Sohn Andreas Schneider, seit bald 30 Jahren Chef des Obsthofs, sieht sich als Naturwinzer und Apfelweinbotschafter. Er hat sich hohe ökologische und professionelle Maßstäbe gesetzt, was beispielsweise Naturerhalt und Artenvielfalt angeht. Verwendet werden hier zur Pflanzenpflege nur biologische Naturpräparate. Als Dünger dienen Pferdemist, Kleegras und Apfeltrester-Kompost. Die Äpfel werden alle von Hand geerntet, was zwar mühsam ist, aber der Qualität zugutekommt. Schneider gehört zu einer neuen Generation von Obstbauern und Kelterern, die den Apfelwein modernisieren, verfeinern und auch über die Grenzen Hessens hinaus populär machen wollen.

Auf den 15 Hektar großen Wiesen und Feldern des Hofs finden sich heute 250 verschiedene Obstsorten, darunter 135 Apfel- und 40 Birnensorten. Im Hofladen sind die hochwertigen Apfelweinkreationen und sortenreinen Stöffche, üppige Fruchtsäfte, Obst, Brot, Eier und viele Delikatessen erhältlich. In der schönen, von Obstbäumen umrahmten Schoppenwirtschaft kann man all das gleich genießen. In der ganzen Region sehr populär sind die Kulturveranstaltungen. Bei Konzerten irischer Folk-Gruppen oder A-cappella-Ensembles wird viel improvisiert. Oft verteilen sich die Musiker zwischen den Gästen, die nach der Reservierung einen Platz zugewiesen bekommen. Zahlreiche Feste, kulinarische Wanderausflüge, Apfelraclette-Abende, Fackelwanderungen und Hofführungen gehören zum Programm.

Adresse Am Steinberg 24, 60437 Frankfurt am Main, Tel. 06101/41522, www.obsthof-am-steinberg.de | **Anfahrt** B 3 von Frankfurt Richtung Norden, Ausfahrt nach Niedererlenbach | **Öffnungszeiten** Mo–So 9–19 Uhr | **Tipp** Grillmayer's Äppelwoi Stübchen ist ein einfaches, rustikales Gartenlokal mit selbst gekeltertem Stöffche und deftiger Kost. Es liegt etwa 400 Meter entfernt im Stadtteil Niedererlenbach und ist donnerstags und freitags geöffnet.

69_Der Paradiesplatz

Märkte, Feste und manche Sorgen

Der Paradiesplatz ist einer der Plätze, der den Frankfurtern seit langem Kopfzerbrechen bereitet. Denn wie die Konstablerwache oder der Goetheplatz prägen auch das kleine Areal in Sachsenhausen kühle Betonflächen. Zwischen unauffälligen Wohn- und Bürohäusern finden Passanten hier kaum Grund zum Flanieren oder Verweilen. Frankfurts Stadtplaner haben mit architektonischen Experimenten versucht, die Problemflächen aufzuwerten, gar im Stil einer italienischen »Piazza« oder spanischer »Ramblas« – viel Beifall bekamen die Konzepte selten.

Der Paradiesplatz wurde nicht stark verändert, aber erfolgreich belebt. Ein Erzeugermarkt mit Bio-Produkten, Frankfurter Spezialitäten und selbst gekeltertem Apfelwein hat sich etabliert. Im Sommer lockt ein Freitagstreff vor allem junge Leute. Sachsenhäuser Wirte, Äppelwoi-Kelterer und Rheingau-Winzer offerieren von 16 bis 22 Uhr an kleinen Ständen Speis und Trank. Im Dezember gibt es einen pittoresken Weihnachtsmarkt.

Im August wird hier auch das Sachsenhäuser Brunnenfest gefeiert, eines der ältesten Frankfurter Volksfeste. Es beginnt an einem Freitag mit dem »Wecken in Sachsenhausen«, dann zieht die Brunnenkönigin mit einem Spielmannszug durch die Lokale. Am Samstag wird der »Kerbebaum« eingeweiht. Am Abend folgt die historische Brunnenbegehung. Pflege und Instandhaltung der 109 Frankfurter Brunnen waren noch bis zur Mitte des 19. Jahrhunderts für die Wasserversorgung der Bürger und Werkstätten wichtig. Die arme Bevölkerung konnte sich die damals gesetzlich vorgeschriebene Brunnenreinigung nicht leisten und säuberte deshalb die Brunnen unter Aufsicht eines Brunnenschultheißes selbst – was seit 1490 fröhlich gefeiert wird. Die Kerb endet am Montagabend mit dem »Gickelschmiss«, dem symbolischen Schlachten eines Hahns, und dem Verbrennen der Kerbesymbole »Babette unn Balser«, der traditionellen Volksfest-Puppen des Festes.

Adresse Paradiesplatz, 60594 Frankfurt am Main | **ÖPNV** S 3, S 4, S 5, S 6, Haltestelle Lokalbahnhof | **Tipp** Die gut erhaltenen Überreste eines vierstöckigen, turmartigen und fensterlosen Bauwerks aus Bruch- und Feldsteinen in der nahen Paradiesgasse gehören zu den wenigen gotischen »Geschlechtertürmen« nördlich der Alpen, die als Wohn- oder Wachgebäude dienten.

70__Das Rad

Seckbacher Treff unter Kastanien

Das Lokal im Dorfkern Seckbachs rühmt sich, die älteste Apfelweinkneipe Frankfurts mit eigener Kelterei zu sein. Seit Jahrzehnten schrumpft die Zahl der Äppelwoi-Lokale in der Region, die ihr Stöffche noch selbst herstellen. Denn der Prozess des Kelterns sowie die Reinigung und Pflege der Geräte und Fässer sind aufwendig und zeitintensiv. Als das Rad 1806 eröffnete, gab es in dem Dorf vor den Stadttoren nur 2.800 Einwohner, aber 15 Apfelweinwirtschaften. Übrig geblieben ist nur noch das »Rad«. Auch nach mehr als zwei Jahrhunderten und gründlicher Renovierung hat sich die rustikale Atmosphäre des traditionsreichen Wirtshauses bewahrt. Die Wände von Gaststube und Kolleg sind holzvertäfelt, von der Decke hängen Lampen aus hölzernen Kutschenrädern, ein alter Kachelofen verströmt im Winter heimelige Wärme.

170 Plätze gibt es im Wirtshaus, im Sommer können 350 Gäste den lauschigen, teilweise überdachten Innenhof unter uralten Kastanien genießen. Die Gebrüder Gassert, die das Lokal seit mehr als 20 Jahren führen, verwenden für ihr Stöffche ausschließlich Streuobst aus der Region. Es ist säurehaltiger und reicher an Gerbstoffen und Fruchtzucker als normales Tafelobst. Gekeltert wird in traditioneller Weise, noch vor der Gärung wird der Saft mit Mispel oder Speierling angereichert, er reift dann teilweise in über 100 Jahre alten Eichenfässern.

Apfelwein wird im »Rad« in allen seinen Entwicklungsphasen angeboten: als Süßer, als Rauscher und schließlich als fertiger, frischer Äppelwoi. Neben dem sortenreifen Haus-Apfelwein und dem hauseigenen Apfelschaumwein »Rad-Secco« gibt es inzwischen auch diverse Apfelwein-Mixgetränke – eines der wenigen Zugeständnisse an den Zeitgeschmack. Aus der umfangreichen Karte mit bodenständigen, regionalen Gerichten ragen als Hausspezialitäten das »Seckbacher Handkäsbrot«, die gekochte Haspel und das gegrillte Schäufelche heraus.

Adresse Leonhardsgasse 2, 60389 Frankfurt am Main, Tel. 069/479128, www.zum-rad.de | **ÖPNV** U 4, Haltestelle Seckbacher Landstraße, dann Bus 43, Haltestelle Draisbornstraße, oder Bus 44, Haltestelle Leonhardsgasse | **Öffnungszeiten** Mo–Sa 17–24 Uhr, So 12–24 Uhr | **Tipp** Das Seckbacher Rathaus an der Ecke Hofhausstraße/Rathausgasse, das heute als Bürgerhaus genutzt wird, gilt als eines der schönsten Fachwerkhäuser der bäuerlichen Spätrenaissance in der Region.

71__Das Safran & Sauerkraut

Orientalisch-hessische Crossover-Küche

Frankfurt hat viele Restaurants mit Crossover-Küchen – aber nur ein einziges, das sich traut, hessische und orientalische Kochkünste zu vereinen. Am Herd des Safran & Sauerkraut im Apfelweinviertel Sachsenhausen überraschen nun schon seit einigen Jahren die Wirtsleute Jules Möhrstädt (Küche) und Kuros Rafii (Service) ihre Gäste und inzwischen auch Gourmetkritiker mit spannenden, ungewöhnlichen Kreationen. In dem kleinen Restaurant – die Betreiber beschreiben den Stil als eine Art »Industrial Urban Chic« – werden regelmäßig Vorurteile widerlegt. Das beginnt schon bei der erstaunlichen Vielzahl von Handkäs-Variationen. Der deftige Sauermilchkäse, mit Essig, Öl, Zwiebeln und Kümmel (»mit Musik«) fester Bestandteil der hessischen Apfelweinkultur, wird im Safran & Sauerkraut zu einer verblüffend feinen kulinarischen Delikatesse. So gibt es hier Handkäs in Hokkaido-Orangen-Sud mit Kürbiskern-Croquant, Handkäs mit Oliven-Paprika-Soße, mit Rotkrautsalat und Tomaten-Vinaigrette oder mit Linsen, Apfelweißweinsud und Birne sowie eine Variante mit Bacon-Chips und Kräuterschmand.

Die kleine Karte mit stets frisch zubereiteten Speisen glänzt mit phantasievollen, aber dennoch bodenständigen Kreationen wie Apfel-Zwiebel-Wirsing mit Kürbis-Cashew-Pesto und Jakobsmuscheln im Speckmantel auf Safran-Sauerkraut. Auch beim Dessert gibt es Feines aus zwei Welten: Exotisches wie Safran-Parfait mit Mandelcrumbles, süße Oliven mit Pistazieneis, oder Hessisches wie eine Mispelcreme. Es werden auch mehrere vegane Gerichte wie Hokkaido-Miso-Suppe oder Safran-Milchreis mit Mispelchen zubereitet. Diese und andere Spezialitäten wie die Blumenkohl-Pastinaken-Suppe oder das »Fesenjoon« (Persisches Huhn mit Granatapfel-Walnuss-Soße) werden auch in Einmachgläsern zum Mitnehmen angeboten. Neben einer guten Auswahl von Weinen wird natürlich auch Apfelwein kredenzt – stilvoll in Safran-&-Sauerkraut-Bembeln.

Adresse Wallstraße 6, 60594 Frankfurt am Main, Tel. 069/17428880 | **ÖPNV** Bus 30, 36, Straßenbahn 15, 16, S 3, S 4, S 5, S 6, Haltestelle Lokalbahnhof; Straßenbahn 14, 18, Haltestelle Frankensteiner Platz | **Öffnungszeiten** Mo–So 12–14.30 und 17–23 Uhr | **Tipp** Nur etwa 100 Meter entfernt bietet der »Klaane Sachsehäuser«, ein Äppelwoi-Lokal mit fast 140-jähriger Tradition, in Gaststuben und im überdachten Garten eine gutbürgerliche Küche und selbst gekelterten Apfelwein an.

72 Die Schöne Müllerin

Künstlertreff im Traditionslokal

Die schöne Frau, die diesem Bornheimer Apfelweinlokal den Namen gab, war Johanna Müller, Ende des 19. Jahrhunderts die Gattin des damaligen Gastwirts Hermann Müller. Mitten in einem Wohngebiet, nicht weit vom Frankfurter Zoo entfernt, blieb die Gaststätte mehr als 90 Jahre in der Hand der Familie. Ende der 1980er Jahre übernahm dann mit Torsten Dornberger ein hoch motivierter und kreativer Koch und Gastronom das Lokal. Auch die Fülle von Fotos, Porträts, Bildern und Texten an den Wänden und mancher Kunst-Nippes in dem urigen Lokal verweisen auf den Ruf des Hauses, ein Künstlertreff zu sein, vor allem für Sänger und Schauspieler. Das Restaurant mit großem Garten und einem mächtigen Frankfurter Adler über dem Eingang ist gleichermaßen bei der lokalen Prominenz als auch einer bunten Mischung Bornheimer Bürger aller Altersklassen beliebt. In diesem Lokal feiern Schauspieler ihre Theaterpremiere, fröhliche Studenten ihr Semesterende oder auch karnevalistische Räte die gelungene Karnevalssitzung – zumal Dornberger 2009 selbst Frankfurts Faschingsprinz war und als sangesfreudiger Karnevalist gilt.

Auch an der Speisekarte erkennt man, dass hier eine Vielfalt von Gästen angesprochen werden soll: Neben deftigen und preisgünstigen Regionalgerichten wie der Hessischen Sauerkrautsuppe, der Butterbrotkartoffel oder der »Flaaaaaaschworscht« (Fleischwurst) finden sich auch phantasievolle Kreationen wie das mit Äpfeln gefüllte »Hessenschnitzel« in Apfelweinsoße mit Sauerkraut und Speck, die bemerkenswerte »Grüne Soße am Stück« oder eine »Torte mit Blutwurst und Äpfeln«. Auf der »Genuss und Stil«-Messe »Kulinart« präsentierte Dornberger mit seiner Crew einen Gin mit Apfelgeschmack und einen »Hessen-Fudge«. Die »Schöne Müllerin«, die sich rühmen darf, eines der ältesten Apfelwein-Lokale Frankfurts zu sein, hat neben dem Apfelwein der Possmann-Kelterei auch Bier am Ausschank.

Adresse Baumweg 12, 60316 Frankfurt am Main, Tel. 069/432069, 0172/6108697, www.zur-schoenen-muellerin.eatbu.com | ÖPNV S 1, S 5, Haltestelle Ostendstraße | Öffnungszeiten Mo–So 16–24 Uhr | Tipp Der im 18. Jahrhundert von der Bankiersfamilie Bethmann angelegte Bethmannpark mit einem Gartenhaus im Rokokostil ist heute auch ein Schau- und Lehrgarten für Blumen- und Pflanzenfreunde. In der denkmalgeschützten Anlage in der Friedberger Landstraße befindet sich ein 1989 angelegter chinesischer »Garten des Himmlischen Friedens«.

73__Der Schreiber-Heyne

Traditionslokal mit Stil und Geschichtsbewusstsein

Das traditionsreiche Apfelweinlokal blickt auf eine turbulente Geschichte zurück: Der heutige Besitzer, Peter Carstens, war es, der die letzte große Krise meisterte. Als das Sachsenhäuser Lokal in Turbulenzen geriet, entschloss sich das erfolgreiche Model für Boss und Armani, aus dem Job ein Hobby zu machen und sich vom Stammkunden zum Wirt zu wandeln. Mehrere Pächter waren zuvor gescheitert. Dem Gasthaus mit den vielen Ölgemälden an den Wänden der dunkel getäfelten Räume und den über 100 Jahre alten Holztischen ging es so schlecht, dass Stammgäste Geld zuschossen und als Bedienung einsprangen, um ihr Lieblingslokal zu retten. Der Literaturkritiker Denis Scheck berichtet, dass ihm ein Professor für Astrophysik sein Schneegestöber (angemachten Käse) an den Tisch brachte.

Carstens, der auch schon zuvor in der Gastronomie Erfahrungen gesammelt hatte, brachte den Laden ab 2015 auf Vordermann. Inzwischen gibt es mit dem einen guten Kilometer entfernt liegenden »Proletariat« sogar eine Dependance. Die Karte ist von hessischen Spezialitäten geprägt, der süffige Apfelwein kommt von der Kelterei Rothenbücher im Spessart.

Als das Lokal vor mehr als 120 Jahren eröffnete, wurde es zunächst als Gartenwirtschaft betrieben. Man brachte seine Brotzeit von zu Hause mit, das Stöffche gab's vom Wirt. Andere Gäste lieferten hier ihre Apfelernte ab, die dann im Keller gekeltert wurde. Das Ergebnis stand in privaten Fässern zur Verfügung. Damit war das Gasthaus eine der ersten Apfelweinlogen, die vor allem nach 1914 aufblühten. Denn als während des Ersten Weltkriegs das Keltern verboten wurde, weil Äpfel der Versorgung von Bevölkerung und Truppen dienen sollten, entstanden viele private Apfelweinlogen, in denen schwarz gekelterter Apfelwein getrunken wurde. Da der Schreiber-Heyne ohnehin schon eine Loge war, konnte die Kriegsvorschrift umgangen werden.

Adresse Mörfelder Landstraße 11, 60598 Frankfurt am Main, Tel. 069/26013683, www.schreiber-heyne.com | **ÖPNV** U 1, U 2, U 3, Haltestelle Südbahnhofstraße | **Öffnungszeiten** Mo–So 17–24 Uhr | **Tipp** Der etwa 800 Meter entfernte Frankfurter Südfriedhof wurde als Parkfriedhof angelegt. Er ist einem englischen Landschaftsgarten nachempfunden, ein ungewöhnlicher Obelisk erinnert an die 1870/71 gefallenen französischen Soldaten.

74_Das Schuch's

Früher traf sich hier der Widerstand

Die Familie Schuch ist verständlicherweise stolz auf die bewegte, 300-jährige Geschichte des Hauses. Im 18. Jahrhundert erwarben sich die aus Niederursel stammenden Brüder Adam und Zacharias im 300-Seelen-Ort Praunheim als Bauern mit erstklassigen Produkten Respekt, so auch mit ihrem Apfelwein. Ab 1854 nutzten die Schuchs die Lage nahe der Nidda-Brücke als wichtige Verkehrsverbindung zwischen Taunus und Frankfurt, um ein Gasthaus zu etablieren und damit das rege Handelstreiben zu fördern. Heute wird das gutbürgerliche Lokal mit seiner kreativen Regionalküche schon in der sechsten Generation von der Familie geführt.

Großes Ansehen genießen die Schuchs vor allem wegen ihres Mutes im Dritten Reich. Damals galt das Wirtshaus als ein geheimer Hort des Widerstands und war bei den Nazis als »rotes Loch« verschrien. Die Gestapo beschuldigte die Gäste des Hauses, Feinde des Nationalsozialismus zu sein – im Lokal werde »grundsätzlich nicht mit Heil Hitler gegrüßt«, hieß es. Tatsächlich dienten Skatrunden und Stammtische im Gasthaus zwischen 1936 und 1942 Gegnern des Naziregimes als Tarnung. Ein Verrat ließ schließlich die konspirativen Treffen der Gewerkschafter und anderer Linken auffliegen, die SS schloss das Restaurant.

1944 wurde das Fachwerkhaus bei Bombenangriffen weitgehend zerstört, nach dem Krieg aber liebevoll wiederaufgebaut und restauriert. Heute genießt das Restaurant mit seiner hessischen Küche und dem selbst gekelterten Apfelwein einen hervorragenden Ruf und bekommt in Restaurantführern glänzende Kritiken. Hausherr Jürgen Schuch stellt seit Ende der 1990er Jahre den Apfel gezielt ins Zentrum von Küche und Keller.

Der künstliche Apfelbaum im Foyer symbolisiert in Schuchs Worten die »kreative Apfelküche« des Hauses, das mehrere Gasträume sowie einen Sommergarten bietet. In der »Pomothek« gibt es etwa 30 Apfelweinspezialitäten verschiedener Keltereien der Region.

Adresse Alt-Praunheim 11, 60488 Frankfurt am Main, Tel. 069/761005 | ÖPNV S4, Haltestelle Westbahnhof; Bus 72, Haltestelle Praunheimer Brücke | Öffnungszeiten Di–Do 12–14 und 17–22 Uhr, Fr–So 12–22 Uhr | Tipp Ein ungewöhnliches kleines Vespa-Museum befindet sich ganz in der Nähe, in den umgebauten Ex-Kegelbahnen in Alt-Praunheim 44.

75 Der Schwan

Malerisches Fachwerkhaus am Schlossplatz

Dieses denkmalgeschützte Fachwerkhaus schräg gegenüber dem Höchster Schloss ist noch nicht lange ein gutbürgerliches Lokal mit hessischer Küche und ausgezeichnetem Äppelwoi. Erst 2015 sprach die Stadt dem Betreiber des Höchster Schlosskellers und -cafés Holger Häusser die Pacht dieses ungewöhnlichen Gasthauses zu, das sich keine 100 Meter vom Main entfernt befindet. Es ist Teil der Höchster Altstadt, die mit etwa 7,5 Hektar als größtes zusammenhängendes Fachwerkensemble Frankfurts gilt – nimmt man die neu gebaute Altstadt der City aus.

Angeboten wird in der modern, aber stilvoll eingerichteten Gaststube und auf der malerischen Terrasse eine gehobene Regionalküche, zu der Frankfurter Klassiker ebenso gehören wie feine Fisch- und Gemüsegerichte. Saisonabhängig gibt es besondere Spargel-, Pilz- oder Wildgerichte, als Spezialität nennt das Lokal den »Höchster Schweinebraten gefüllt mit Kräutern der Grünen Soße«. Besonderer Wert wird auf frische Zutaten und Zubereitung gelegt. Der auf traditionelle Weise gekelterte Apfelwein kommt von der Neuenhainer Apfelweinschmiede, dieses kräftige Stöffche gibt es in Frankfurt nur im Schwan.

Da das grün gestrichene, schiefergedeckte Gebäude des Wirtshauses früher ein Brauhaus war, kann der Gast auch aus einer Reihe von ausgesuchten Bieren verschiedener deutscher Regionen wählen. Die Gaststätte Zum Schwan war im 17. Jahrhundert noch das Brauhaus der berühmten Gaststätte Zum Karpfen nebenan, die es heute nicht mehr gibt.

Der ursprünglich gotische Bau musste 1973 wegen starker Baumängel abgerissen werden. Schon der Maler Albrecht Dürer beschrieb das Haus »Karpfen« in seinem Tagebuch. Dichterfürst Johann Wolfgang von Goethe erwähnte das Wirtshaus in »Dichtung und Wahrheit«; der Geheimrat zeichnete sogar von seinem Zimmer im »Karpfen« 1770 das Höchster Schloss.

Adresse Höchster Schlossplatz 7, 65929 Frankfurt am Main, Tel. 069/30066656, www.zumschwan-hoechst.de | ÖPNV S 1, S 2, Haltestelle Frankfurt Hoechst | Öffnungszeiten Mo–So 11–22 Uhr | Tipp Das Höchster Renaissanceschloss (gebaut 1586–1608) am Höchster Schloßplatz 16 war früher eine Residenz des Mainzer Erzbistums. Heute beherbergt es die Museen für Höchster Geschichte und der Hoechst AG. Im Sommer steht es im Zentrum des »Höchster Schlossfests«.

76_Die Sonne

Lokalpatrioten retteten das historische Lokal

Ohne Bürgersinn und Lokalpatriotismus gäbe es diese traditionsreiche Gaststätte wohl nicht mehr. 2019 sollte das Apfelweinlokal nach mehr als 250 Jahren schicken Wohnungen weichen. Damals hatte der langjährige Wirt des Gasthauses Zur Sonne aus Altersgründen aufgegeben. Das 1750 erbaute Fachwerkhaus, ein architektonisches Juwel in Alt-Bornheim, das unter Denkmalschutz steht, wurde für 2,5 Millionen Euro angeboten. Aber sofort bildete sich eine Bürgerinitiative, um das Lokal zu bewahren. Eine Petition mit 5.400 Unterschriften wurde dem Oberbürgermeister überreicht. Der gemeinnützige Verein »Inter Esse« versuchte, das Gasthaus mit Online-Crowdfunding zu retten und dort ein Kulturzentrum mit Lokal zu ermöglichen. 2020 wurde dann aber doch noch ein Gastronom als Pächter gefunden, der den Erhalt der urigen Wirtschaft in dem malerischen Eckgebäude mit dem baumbewachsenen Garten garantierte. Ohne den Lokalpatriotismus der Vorbesitzer wäre das allerdings nicht möglich gewesen: Interessenten, die die Geschichte des barocken Gasthauses beenden wollten, wurden abgewiesen.

Für viele Frankfurter bedeuten die Apfelweinlokale ein wichtiges Stück Heimat. Das wird besonders deutlich, wenn ein traditionsreiches Gasthaus bedroht ist. Wie bei der Sonne bilden sich Bürgerinitiativen, werden Unterschriften gesammelt, Finanziers gesucht, Lokalpolitiker involviert. Oft genug scheitern Rettungspläne. Seit 2000 hat Frankfurt etwa ein Dutzend Apfelweinlokale verloren, wie beispielsweise die traditionsreiche Eulenburg in Bornheim. Die Sonne allerdings konnte gerettet werden. Der neue Besitzer modernisierte und renovierte das Lokal, beließ aber den Charakter der Gaststuben mit den alten Böden, holzgetäfelten Wänden, von der Decke hängenden Bembeln und dem soliden Mobiliar. Auch das bewährte Konzept als Äppelwoi-Lokal mit Frankfurter Spezialitäten zu zivilen Preisen blieb unverändert.

Adresse Bergerstraße 312, 60385 Frankfurt am Main | **ÖPNV** U 4, Haltestelle Bornheim Mitte | **Öffnungszeiten** Mi–Sa 17–24 Uhr, So 17–23 Uhr | **Tipp** In der Weinkellerei Dünker, der ältesten Weinhandlung der Stadt in der Berger Straße 265, kann man in einem schönen Sommerhof oder im malerischen Weinkeller einfache wie auch edelste Tropfen sowie kleine Snacks genießen.

77_Die Stalburg

Äppelwoi, Theater und Kabarett

Das Hinterhoflokal mit schönem Garten unter alten Bäumen sowie das angrenzende kleine Theater mit dem großen Ruf mitten im Nordend haben ein illustres Publikum. Gut betuchte Bewohner der Villen, teuren Apartments und alten Bürgerhäuser rund um den nahen Holzhausenpark zieht es ebenso in die lebendige Äppelwoi-Wirtschaft und das Off-Theater wie das typische Szenegemisch des Stadtteils aus Künstlern, Lehrern, Kreativen und politisch Bewegten. Nicht weit entfernt hat auch die eigensinnige Aktivistin Jutta Ditfurth ihren Laden.

Die »Stalburg« mit eigener Kelterei gehört seit über 90 Jahren der Familie Reuter. Im Mittelalter war hier ein Wehrhof mit Wassergraben, später nannte die Familie Rothschild das Anwesen ihr Eigen. In den 1970er Jahren jubelten Linksradikale aller Couleur bei »Kulturveranstaltungen« im Saal revolutionären Liedern und Bühnenstücken zu, während – so die Legende – am Stammtisch im Gastraum die Ewiggestrigen dominierten. Das Gasthaus mit den holzgetäfelten Wänden, dem mächtigen Eisenofen in der Mitte und den langen Tischen ist sorgfältig renoviert – und wirkt dennoch wie aus einer anderen Zeit. Zum Stil alter Wirtshauskultur gehören auch der Raucherraum, die altertümlich anmutende Kegelbahn im Hof sowie die betont bodenständige hessische Küche.

Obwohl nur ein Durchgang das Lokal vom ambitionierten Stalburg-Theater trennt, gehören sie nicht zusammen. Die Seele des renommierten kleinen Theaters mit 80 Plätzen ist Michi Herl, ein Tausendsassa in der Kulturszene der Stadt. Der wortgewandte Journalist, Filmemacher und Autor steht seit vielen Jahren für ein buntes Programm origineller und oft anspruchsvoller Aufführungen. Kabarett hat hier genauso eine Bühne wie schräges Musiktheater (»Lady Gaga singt Zarah Leander« mit Monica Ries), hessische Klassiker (»Familie Hesselbach« mit Harald Uhrig) oder Herls Erfolgsstück »Wer kocht, schießt nicht«.

Adresse Glauburgstraße 80, 60318 Frankfurt am Main, Tel. 069/557934 | **ÖPNV** U5, Haltestelle Glauburgstraße | **Öffnungszeiten** Mo–Sa 17–24 Uhr, So 16–24 Uhr | **Tipp** Der Holzhausenpark lockt wenige hundert Meter entfernt mit einem barocken Wasserschlösschen im idyllischen Weiher und einem großen Kinderspielplatz zum Spaziergehen und Verweilen.

78 Das Stoltze-Museum

Frankfurter Mundartdichter und Revolutionär

Friedrich Stoltze hat den Frankfurter Lokalpatriotismus vor 150 Jahren auf den Punkt gebracht: »Un es will merr net in mein Kopp enei / Wie kann nor e Mensch net von Frankfort sei«, so die meistzitierten Zeilen des Mundartdichters, Journalisten und Freiheitskämpfers. In unzähligen Apfelweinlokalen hängen diese Worte an der Wand. Geehrt wird der 1891 verstorbene Sohn der Stadt mit dem Stoltze-Museum, das sich seit 2018 in der neuen Altstadt befindet, etwa 150 Meter vom früheren Gasthof Rebstock seiner Eltern entfernt, wo der rebellische Autor 1816 geboren wurde.

Stoltze, Herausgeber der satirischen Blätter »Krebbelzeitung« und »Frankfurter Latern«, wäre vermutlich über das architektonisch ungewöhnliche Museum amüsiert, das die Frankfurter Sparkasse in dem schmalen Haus »Weißer Bock« und dem benachbarten Hinterhaus des Kaffeehauses Goldene Waage eingerichtet hat.

Die Besucher finden in dem nach mittelalterlichem Vorbild wiederaufgebauten dreigeschossigen Gebäude mit kleinen Räumen und vielen Treppen antike Möbel, Bilder und Alltagsobjekte aus dem Nachlass des Dichters, zahlreiche Originalmanuskripte, Briefe, Zeichnungen und Fotos sowie große Schautafeln über Leben und Werk Stoltzes. Ein Touchscreen erlaubt das Blättern in der »Frankfurter Latern«, die oft mit der preußischen Zensur aneinandergeriet. Wer eine Führung mit Museumsleiterin Petra Breitkreuz bucht, darf auf das »Belvederchen« steigen, die Dachterrasse der Goldenen Waage mit großartigem Blick auf den Dom.

Stoltzes Biografie ist eng mit der deutschen Geschichte des 19. Jahrhunderts verbunden. Der Vater von elf Kindern kam mit seinem Kampf für Bürgerrechte und Demokratie im Geiste der gescheiterten Revolution von 1848 immer wieder in Konflikt mit der Staatsmacht, musste wegen Majestätsbeleidigung mehrfach vor Gericht. Stoltze sah vor allem in Kanzler Otto von Bismarck den politischen Hauptgegner.

Adresse Markt 7, 60311 Frankfurt am Main, Tel. 069/26414006 | ÖPNV U 4, U 5, Haltestelle Römer | Öffnungszeiten Mo–So 10–18 Uhr; Eintritt frei | Tipp Das bereits 1895 geschaffene Stoltze-Denkmal steht seit 2018 in unmittelbarer Nachbarschaft des Museums an seinem historisch angestammten Platz auf dem Hühnermarkt.

79__Die Töpferei Maurer

Bembel für Eintracht-Fans und die ganze Welt

Die Seele in diesem »Bembelparadies«, wie es plakativ auf dem Schaufenster des Ladens in Sachsenhausen heißt, ist Monika Maurer. Die gelernte Musiklehrerin, die früh Witwe wurde, trägt seit den 1980er Jahren – inzwischen mit ihren beiden Kindern – die Verantwortung für den Familien-Handwerksbetrieb. Sie wird in der Apfelweinszene als Institution verehrt. Die Töpferei Maurer gilt seit mehr als 40 Jahren als erste Adresse in Frankfurt, wenn es um handgefertigte, traditionelle Apfelweingefäße geht. Die grauen Bembel – vom Mini-Bembel bis zum Zwölf-Liter-Gefäß – stehen im Mittelpunkt der Manufaktur, obwohl hier aus Steinzeug und Kobaltoxid auch Becher, Teller, Schüsseln und allerlei anderes Geschirr mit meist blauen Mustern und Motiven geformt, geprägt und gebrannt werden. Das Material dafür kommt aus dem Kannenbäckerland im Westerwald.

So richtig weiß niemand, wie der Bembel zu seinem Namen gekommen ist. Manche halten das Wort angesichts der Form für eine Abwandlung von »Bombe« oder »Bömbchen«; eine andere Erklärung besagt, die Krüge seien einst an den Pferdefuhrwerken befestigt gewesen und hätten da »herumgebambelt«. Die Töpferei in der Wallstraße, die in einem Regionalkrimi sogar Schauplatz ominöser Vorgänge wurde, gehört auf vielfache Weise zur lokalen Kultur. Nicht nur, dass viele Bembel, Becher und Deckelche in den Äppelwoi-Lokalen Frankfurts von Maurer stammen, auch die Frankfurter Eintracht und ihre Fans sind emsige Auftraggeber für Tongeschirr mit den Insignien des Vereins. Außerdem kommen Aufträge für die handwerklichen Gefäße aus aller Welt. Bembel, aber auch andere Tongegenstände werden hier auch nach ganz persönlichen Wünschen angefertigt. Im Laden der Maurers finden sich zudem Köstlichkeiten der Apfelweinwelt: Stöffche, Schnäpse, Apfelgummibärchen, T-Shirts mit Bembel und Apfelweinmotiven und Äppelwoi-Geschenksets.

Adresse Wallstraße 5, 60594 Frankfurt am Main, Tel. 069/616340, www.keramik-maurer.de | **ÖPNV** Straßenbahn 14, 18, Haltestelle Frankensteiner Platz; S3, S4, S5, S6, Straßenbahn 15, 16, Bus 30, 36, Haltestelle Lokalbahnhof | **Öffnungszeiten** Mo–Fr 9–18 Uhr, Sa 9–13 Uhr | **Tipp** Das Theater an der Alten Brücke bezeichnet sich als kleinstes Off-Broadway-Theater der Welt und Sachsenhausens neuestes Wohnzimmer. In der Kleinen Brückenstraße 5 werden moderne Autoren aus aller Welt gespielt, danach wird »bei heimischem Äppelwoi über das Stück diskutiert«.

80__Die Volksbühne

Bühne auch für den Struwwelpeter

Viele Jahre lang signalisierte schon der Name »Fliegendes Volkstheater« die Heimatlosigkeit der Bühne. Als sie dann im Januar 2020 endlich mit Hilfe von Sponsoren und der Stadt unmittelbar neben dem Goethe-Haus an neuer, fester Spielstätte im denkmalgeschützten Cantate-Saal startete, war es mit der Herrlichkeit trotz ausverkaufter Häuser rasch vorbei. Corona forderte bitteren Tribut – was jedoch nichts am Wunsch des Komödianten, Schauspielers und Regisseurs Michael Quast änderte. Der Theaterchef wollte dem Frankfurter Gebabbel wieder ein adäquates Podium bieten.

Seit der ersten Premiere mit der Uraufführung des »Struwwelpeter«, begleitet vom Musik-Trio des »Ensemble Modern«, zählt die Volksbühne zu den populärsten der zwei Dutzend Theater Frankfurts. Nicht zufällig hatte sich Quast zum Start für den »Struwwelpeter« entschieden.

Der Erfinder des Zappelphilipps, des Daumenlutschers Konrad oder des Hans Guck-in-die-Luft ist der Frankfurter Psychiater Heinrich Hoffmann, der seine lustigen, geistvollen Lehrstücke 1844 für seinen Sohn dichtete; die weltweit erfolgreichen Texte sind aber wegen ihrer mutmaßlichen Nähe zur »Schwarzen Pädagogik« auch umstritten. Kreativ, problematisch, erfolgreich – Lokalpatrioten finden das typisch frankfurterisch.

»Die Frankfurter bekommen ein Theater, das sich Frankfurt zum Thema macht«, erklärte Quast am Start. Der Anspruch sei »komödiantisches Theater, das sein Publikum nicht unterfordern, aber bestens unterhalten will«. Themen könnten ebenso die Frankfurter Eintracht, die Wohnungsnot oder auch der Dichterfürst Goethe sein. Die Volksbühne spielt an historischer Stätte. In den 1950er Jahren traten hier auf Einladung des Börsenvereins des Deutschen Buchhandels Autoren und Philosophen wie Paul Celan, Samuel Beckett und Theodor W. Adorno auf. Später war es dann das Theater der Volksschauspielerin Liesl Christ.

Adresse Großer Hirschgraben 15, 60311 Frankfurt am Main, Tel. 069/24142435, www.volksbuehne.net | ÖPNV alle S-Bahnen, U1, U2, U3, U8, Haltestelle Hauptwache, dann 400 Meter Fußweg | Tipp Das Geburtshaus Johann Wolfgang von Goethes, ein originalgetreu eingerichtetes Bürgerhaus aus dem 18. Jahrhundert im Großen Hirschgraben 23–25, vermittelt mit seinen Möbeln und Bildern ein lebendiges Bild jener Zeit. Angeschlossen ist das Goethe-Museum mit einer Gemäldegalerie.

81__Der Wagner

Tradition bewahren trotz Touristenrummel

Weil das Lokal mit dem urigen Ambiente zu den Klassikern der Sachsenhäuser Apfelwein-Szene gehört, erfreut es sich großer Beliebtheit. Obwohl ein populäres Ziel von Touristen aus aller Welt, kommt zu »Apfelwein Wagner« aber auch eine treue, lokale Stammkundschaft. Wenn Frankfurter ihren Besuchern eine »typische« Äppelwoi-Wirtschaft zeigen wollen, wählen sie gern das Wagner. So landete auch der spätere Pokalheld der Frankfurter Eintracht Kevin-Prince Boateng bei seinem ersten, vom Verein organisierten Rundgang durch die Mainmetropole, begleitet vom Fernsehen, in ebendiesem Lokal.

Zwar befindet sich schon seit 1902 ein Lokal in der Schweizer Straße 71, aber erst 1931 machten Adolf und Leni Wagner daraus eine Apfelweinwirtschaft. Weil die Nazis die Vermostung der Äpfel während des Zweiten Weltkriegs verboten, musste das Lokal stillgelegt werden. Erst 1948 konnten die Wagners das Gasthaus wieder eröffnen. Anfangs musste man sich mangels Apfelwein mit Wein aus Schweizer Birnen zufriedengeben, erst allmählich reifte das Kelterobst auf den Streuobstwiesen rund um Frankfurt wieder heran. Dann ging es mit der mehrfach aufwendig renovierten und modernisierten Gaststätte sowie mit einer Vergrößerung des kleinen Gartens steil aufwärts. Heute führen die Enkel des Gründerehepaars das trubelige Lokal mit den großen, alten Bildern der Stadt und Apfelweinmotiven an den holzgetäfelten Wänden sowie vielen Bembeln auf den Regalen. Irgendwann soll es dann einmal von ihren Kindern übernommen werden.

Die Freude an der traditionellen Apfelweinkultur paart sich bei Wagner mit dem Willen, mit der Zeit zu gehen. So finden sich auf der ambitionierten Speisekarte neben den regionalen Spezialitäten auch Schmankerl wie Leberkäs und Grillhax'n. Im Wagner-Shop können Bembel, Äppelwoi-Becher, Apfelweinsenf und sogar der Wagner-Apfelwein im Fünf-Liter-Partyfass erworben werden.

Adresse Schweizer Straße 71, 60594 Frankfurt am Main, Tel. 069/612565, www.apfelwein-wagner.com | ÖPNV U 1, U 3, U 8, Haltestelle Schweizer Platz | Öffnungszeiten Mo–So 11–24 Uhr | Tipp Das Städel Museum, eines der bedeutendsten deutschen Kunstmuseen, besitzt eine Sammlung von über 3.000 teilweise weltberühmten Gemälden vom Mittelalter bis zur Gegenwartskunst. Es liegt etwa 600 Meter entfernt am Schaumainkai 63.

82__Die Weida

Urige Kneipe im »Weltdorf« Bornheim

Der Name »Die Weida im Blauen Bock« lässt das Herz jedes Äppelwoi-Petzers erst mal höher schlagen. Schließlich war es die volkstümliche Fernsehshow »Zum Blauen Bock«, die drei Jahrzehnte lang von Frankfurt aus die fröhliche Botschaft der geselligen Apfelweinkultur in die deutschen Lande trug. Allerdings führte das Gasthaus Weida im Frankfurter Stadtteil Bornheim den Namen »Blauer Bock« schon vor 1957, als Otto Höpfner mit seiner TV-Show startete. Später waren es dann Lia Wöhr und Heinz Schenk, die für den Erfolg der apfelweinseligen Veranstaltung sorgten. Schenk, ein gebürtiger Mainzer, soll urbanen Legenden zufolge selbst nie das Stöffche getrunken haben. In seinem Bembel sei stets nur Apfelsaft gewesen.

Manche Stammgäste des Gasthauses Weida können sich noch gut an die hessische Kultsendung erinnern – andere Gäste waren zu Zeiten des »Blauen Bocks« noch gar nicht auf der Welt oder zumindest nicht in Deutschland. Denn das Publikum in dem Lokal im Herzen von »Bernem«, wie die Einheimischen ihr Viertel nennen, ist ausgesprochen divers. Ein reines Touristenlokal ist die Weida sicher nicht. Der lokale Bürgerverein spricht nicht zu Unrecht von Bornheim – mit seiner bunt zusammengewürfelten Bevölkerung von Alteingesessenen und »Oigeplackten« (den neu Hinzugezogenen) – als »Weltdorf«, das spiegelt sich auch in der Weida.

Seit der Eröffnung 1912 wurde das Lokal von der Familie Wolf geführt. 2012 übernahm dann mit dem Kaufmann Hans Berger ein bisheriger Stammgast das Wirtshaus. Am Konzept des traditionellen Apfelweinlokals mit regionalen Spezialitäten änderte sich wenig. Auf der Karte finden sich die Frankfurter Klassiker, neu sind regionale Spezialitäten wie Ochsenkotelett oder Lammfilet. Besonders beliebt ist der Schokoladenkekskuchen Kalter Hund, garniert mit Vanillesoße und roter Grütze. Im Sommer kann man direkt vor dem Eingang auf Bänken Platz nehmen.

Adresse Saalburgstraße 36, 60385 Frankfurt am Main, Tel. 069/453536 | **ÖPNV** U4, Haltestelle Bornheim Mitte | **Öffnungszeiten** Mo–So 17–23 Uhr | **Tipp** Bei den »Bernemer Babbelabenden« des Bornheimer Kulturvereins treten lokale Mundartinterpreten auf. Veranstaltungsorte sind die Apfelweinlokale des Stadtteils (Programm unter www.historisches-bornheim.de in der Kategorie »Termine«).

83__Das Wolffhardts

Äppelwoi trifft Balkanküche

Die Nazis, die sich in der Hitlerzeit gern hier trafen, wären entsetzt, wüssten sie, welch weltoffener Geist heute im Wolffhardts weht. Dem aus Kroatien stammenden Besitzer Dragan Ristov gelingt es mit seiner Familie schon seit Jahrzehnten, auch die alteingesessenen Seckbacher mit dem Brückenschlag vom Äppelwoi zum Balkangrill zu überzeugen. Das Ecklokal mit großem Garten bietet wie eh und je selbst gekelterten Apfelwein an; heute gibt es hier eine bemerkenswert hochwertige Balkangrill-Küche neben klassisch deutschen Gerichten wie Spargel, Wild oder Gänsebraten, je nach Saison.

Als am 6.März 1897 die Gastwirtschaft Zum Heimgarten vor den Toren Frankfurts und am Rand des alten Dorfs Seckbach eingeweiht wurde, war Seckbach Teil eines Erschließungsgebiets mit neuen Straßen, Villen und kleinen Siedlungen. Die Wirtschaft von Robert Wolffhardt machte sich rasch mit Veranstaltungen und Ausstellungen einen Namen.

Am 11. November 1899 wurde hier zur ersten Volksvorlesung Seckbachs eingeladen. Erst 1900 wurde der Ort nach Frankfurt eingemeindet, 1905 dann die Straßenbahn hier an den Stadtrand geführt. Dank eines Saals neben dem mit viel Holz gemütlich gestalteten Gastraum finden im Wolffhards noch immer lokale Versammlungen von Parteien oder Vereinen sowie kleine Veranstaltungen statt.

Das Wolffhardts schafft es, gleichzeitig modern und auf sympathische Weise altmodisch zu sein. Vor dem Essen gibt es frisches Brot und kleine Schalen mit Kräuterpesto, Gänseschmalz oder pikantem Quark. Dragan, wie ihn die Stammgäste nennen, ist stolz darauf, stets frische Produkte zu verwenden, den Fisch oder das Wildfilet genau auf den Punkt zuzubereiten. Aber glücklich wird hier auch der Gast, der ausdrücklich um ein Ražnjići oder ein Schweinesteak bittet, das eben nicht mager und fettfrei, sondern wie zu Großmutters Zeiten von kräftigen Fettsträhnen durchzogen ist.

Adresse Wilhelmshöher Straße 19, 60389 Frankfurt am Main, Tel. 069/471434, www.wolffhardt-frankfurt.de | **ÖPNV** U 4, Haltestelle Seckbacher Landstraße | **Öffnungszeiten** Di, Sa, So 11.30–24 Uhr, Mi, Do, Fr 17–24 Uhr | **Tipp** Seckbachs mittelalterliche Dorfstruktur ist einen Spaziergang wert. Das Renaissance-Rathaus von 1542 ist das schönste der hiesigen fränkischen Fachwerkhäuser.

84_Das Gerippte

Apfelwein-Straußwirtschaft und Obstbrände

Die älteste Straußwirtschaft in der Wetterau ist auch bei evangelischen Pilgern, amerikanischen Rucksacktouristen und wandernden Apfelweinfreunden eine beliebte Adresse. Denn das Gasthaus Zum Gerippte liegt sowohl an der hessischen Apfelweinroute als auch am Pilgerpfad »Lutherweg 1521«, zudem ist es im weltweiten Airbnb-Onlineportal aufgeführt. Das Gasthaus in einer alten Fachwerk-Hofreite mit einem kleinen, pittoresken Innenhof und ausgebauter, beheizbarer Scheune offeriert ein sorgsam gekeltertes Stöffche. Dafür werden nach alter Tradition Äpfel der nahen Streuobstwiesen mit einer Packpresse gekeltert. Die Küche ist bodenständig regional, als besondere Spezialität gelten die Handkäs-Variationen von Eva-Maria Scharf, die mit ihrem Mann das Gerippte führt.

Der Friedberger Ortsteil Ockstadt ist vor allem wegen seiner 40.000 Kirschbäume berühmt. Auch im Gerippte ist das spürbar. Zwar stehen vor allem Apfelprodukte – Äppelwoi, Apfelsecco, Apfelbrand und Apfelsaft – im Mittelpunkt, aber auch selbst gebrannte Obstschnäpse aus Kirschen und Birnen werden angeboten, darüber hinaus in der Erntesaison frische Kirschen und anderes Obst. 2019 wurde die Straußwirtschaft im Herzen Ockstadts im Rahmen eines Wettbewerbs des hessischen Hotel- und Gastronomieverbands DEHOGA als eines der besten Dorfgasthäuser des Landes ausgezeichnet – als einzige Straußwirtschaft überhaupt.

Das Gasthaus Zum Gerippte möchte aber mehr sein als nur eine Straußwirtschaft mit Zimmervermietung. Zuweilen gibt es während wichtiger Turniere Fußballübertragungen auf einer großen Leinwand und oft Kulturelles: Der Schriftsteller Andreas Maier wählte die Straußwirtschaft als Veranstaltungsort, um für eine Sendung des Hessischen Rundfunks aus seinem Roman »Der Ort« vorzulesen. Auch eine Bilderausstellung von Monika Barth war hier zu sehen. Zum Programm gehören auch Handkäs-Tastings und Grüne-Soße-Kurse.

Adresse Borngasse 30, 61169 Friedberg-Ockstadt, Tel. 06031/3009, www.zum-gerippte.de | Anfahrt A 5 Richtung Kassel, Ausfahrt Friedberg, B 455 Richtung Roßberg, nach 5 Kilometern L 3134 Richtung Bad Nauheim, in die Roßbacher Straße und nach 200 Metern links in die Borngasse | Öffnungszeiten Do–So 17–24 Uhr | Tipp Die Burg Friedberg ist mit 3,9 Hektar eine der größten Burganlagen Deutschlands. Sie liegt etwa drei Kilometer von Ockstadt entfernt.

85 Die Apfelweinstraße

Wer's nedd waas, waas's halt nedd

Die Äppelwoi-Kultur ist komplex, zuweilen widersprüchlich. Für einen Schoppepetzer hört der Spaß auf, wenn man Handkäs mit Musik mit Messer und Gabel isst oder den »Süßen« als Gespritzten möchte. Allerdings lässt man beim Apfelwein auch gern mal fünfe gerade sein. Nur Kleingeister würden daran herummäkeln, dass das Bundesäppelwoifest 1952 in einem Hofbräuhaus in Steinheim aus der Taufe gehoben wurde; ohnehin findet dieses Fest mit großem Namen, jährlich vom örtlichen Karnevalsverein veranstaltet, kaum Beachtung in der Apfelweinwelt. Mit seinen schönen Fachwerkhäusern ist Steinheim aber dennoch ein bemerkenswerter Äppelwoi-Ort mit gemütlichen Lokalen. In dem Hanauer Stadtteil beginnt auch eine fast vergessene Äppelwoi-Wanderroute.

Wer auf Schusters Rappen oder mit dem Rad die »Hessische Apfelweinstraße« erforschen möchte, der muss sich auf eine Art Schnitzeljagd begeben. Denn offiziell wird der Weg nicht mehr gepflegt, Hinweisschilder sind verschwunden. Wer mutig und auf eigene Faust die alte Route für Wanderer und Radfahrer sucht, auf den wartet eine spannende Strecke, die sogar einst vom Äppelwoi-Poeten »Amby« (Adolf Amberger) besungen wurde. Besucher sollten sich also vorab gut informieren, nicht auf viele Wegweiser hoffen und zuweilen auch die Nutzung gewöhnlicher Autostraßen akzeptieren. Der reizvolle, etwa 35 Kilometer lange Weg führt über Wilhelmsbad, Maintal, Hochstadt, Bergen-Enkheim, Seckbach und die neue Altstadt Frankfurts bis hin zum Äppelwoi-Viertel Sachsenhausen, vorbei an Baudenkmälern wie dem Schloss Philippsruhe, dem Kurgebäude Wilhelmsbad, dem historischen Rathaus Steinheim, der Paulskirche in Frankfurt, an schönen Parkanlagen und Streuobstwiesen, an berühmten Keltereien und legendären Äppelwoi-Lokalen. Früher konnte man den Weg an Zeichen mit einem stilisierten Bembel erkennen – heute gibt es davon nur noch sehr wenige.

Adresse Start am besten in der Altstadt von 63456 Hanau-Steinheim, www.hessische-apfelweinstrasse.de | Anfahrt bei Start in Hanau-Steinheim: im Osten Frankfurts Hanauer Landstraße Richtung Hanau, B 8, Kennedystraße und Kesselstädter Straße bis Eppsteinstraße | Tipp Hanau-Wilhelmsbad heißt die frühere Kuranlage mit Staatspark und historischem Gebäudeensemble im Nordwesten der Stadt. In dem schönen Park finden viele Kulturveranstaltungen statt.

86 Das MaaÄppelsche

Spezialitäten und Gesänge in dörflicher Idylle

Mitten in der pittoresken Altstadt Steinheims ist in einem unscheinbaren gelben Neubau die Ladenwirtschaft »MaaÄppelsche« zu Hause – die allerdings maßgeblich zur Idylle dieses dörflichen Fleckens mit seinen schön renovierten Fachwerkhäusern beiträgt. Denn hier ist der Ausgangspunkt der »Staanemer Schoppetour« zu sechs Äppelwoi-Locations und von Altstadtführungen, die mit Apfelweinverkostungen und Livemusik beim »MaaÄppelsche« enden. Überhaupt wird in dem Gasthaus gern und oft gesungen.

Dass den Wirtsleuten Luciea und Klaus der Schalk im Nacken sitzt, belegt schon der Name ihres weit über Steinheim hinaus bekannten Lokals. Denn er könnte sowohl »Main-Äppelchen« bedeuten, schließlich fließt der größte Fluss Hessens 100 Meter entfernt vorbei, als auch »Mein Äppelche«. Die Frage nach der wirklichen Bedeutung beantworten die Wirtsleute augenzwinkernd mit: »Das kann sich jeder aussuchen, wie er mag.« Ungewöhnlich auch eine offizielle Liste der »Seelenverwandten« des Ladens: darunter das Ehepaar Merkel vom »Dornröschen«, das »Bembelboot« oder der Apfelwein-Aktivist Christoph Walter (Bembel uff Tour).

Gerühmt werden das ungewöhnliche Angebot hessischer Spezialitäten im Laden – wie Ahle Worscht, Wildsausalami und Bio-Rohmilchkäse – sowie die 20 verschiedenen Apfelweine von meist kleineren Keltereien. Es gibt eine feine Auswahl an Wurstwaren, Käse, Öl, Essigen und Honig, alles von Höfen, Betrieben und Imkern aus der Region. Auch die Weine und Brände stammen von Keltereien und Obstbrennern aus der Nähe. Lieferanten sind meist ökologisch ambitionierte Bio-Betriebe. Die Landwirte stehen dafür ein, dass ihre Schweine, Rinder und Kühe nur selbst angebautes Futter bekommen. Den Handkäse liefert der Familienbetrieb Birkenstock in Hüttenberg. Das Gourmet-Rapsöl der Hauberner Ölmühle in Frankenberg wurde mehrfach als bestes Rapsöl Deutschlands ausgezeichnet.

Adresse Hans-Sachs-Straße 2, 63456 Hanau, Tel. 06181/659157, www.maaaeppelsche.de | Anfahrt B 66 von Frankfurt-Ost Richtung Hanau, nach 35 Kilometern Abfahrt Richtung Steinheim, auf der L 43a in die Ortsmitte | Öffnungszeiten Mo, Di, Do, Fr 15 – 20 Uhr, April – Sept. auch Sa, So 11 – 23 Uhr | Tipp Von der weniger als 100 Meter entfernten Burg- und Schlossanlage Steinheim sind noch der 26 Meter hohe weiße Bergfried mit steinernem Turmhelm, Reste der Ringmauer und Teile des Schlosses erhalten.

87__Der Main-Genuss-Laden

Der größte Bembel der Welt

Das neue Kleinod der Apfelweinkultur befindet sich in einem unscheinbaren Bürogebäude in Hanau. Das kleine Apfelwein-Museum ist Jörg Stier zu verdanken, der in lokalen Magazinen nur leicht ironisch als »Äppelwoi-Guru« oder sogar »hessischer Äppelwoi-Papst« gerühmt wird. Der Kelterer aus Leidenschaft und Autor zahlreicher Apfelweinbücher hatte 2016 den kleinen Apfelweinladen eröffnet und kurzerhand die hinteren Räume für ein Museum reserviert. Das Projekt gelang dank Stiers Fähigkeit, Politik, Sponsoren, Tourismus- und Apfelweinexperten zusammenzubringen.

In dem hellen Genussladen dreht sich alles um die 40 Sorten Apfelwein aus der Kelterei Stier, zudem gibt es Delikatessen, Spirituosen und Souvenirs rund um das Stöffche. Im Museum dahinter spiegelt sich die über 1.000-jährige Geschichte des Apfelmosts in Europa. Hier steht der weltweit größte Bembel, der 670 Liter fasst. Der 1,69 Meter hohe Steinzeug-Koloss ist 279 Kilo schwer und wurde in Höhr-Grenzhausen im Kannenbäckerland gebrannt. Bembel, Schoppendeckel, Kelterer-Utensilien, Dokumente, Fotos, Schautafeln und Gemälde illustrieren die Geschichte des Apfelweins. Auch mit Legenden wird hier aufgeräumt. So sind die Äppelwoi-Gläser nicht gerippt, um fettigen Fingern Halt zu geben, sondern weil das gebrochene Licht der ein wenig an Urin erinnernden Farbe des Apfelweins einen wunderbar goldenen Glanz gibt. Das Museum dient auch für Vorträge, Lesungen, Podiumsdiskussionen und Apfelwein-Verköstigungen.

Jörg Stier, die Seele des Projekts, ist mit seiner Leutseligkeit und Herzlichkeit ein eher ungewöhnlicher Vertreter der hessischen Apfelweinkultur. Wirte und Kelterer genießen den Ruf, unnahbar und bärbeißig zu sein, gepflegt wird das Image der rauen Schale mit weichem Kern. Manche Neubürger, hier »Oigeplackte« genannt, wundern sich aber zuweilen über die etwas unfreundlich-knorrige Ansprache.

Adresse Heumarkt 6, 63450 Hanau, Tel. 06109/65099 | **Anfahrt** im Osten Frankfurts Hanauer Landstraße Richtung Hanau nehmen, über die B 8 und die L 3209 bis zur Burgallee, dann über die Philippsruher Allee nach Heumarkt | **Öffnungszeiten** Mo–Fr 11–18 Uhr, Sa 10–14 Uhr | **Tipp** Das etwa 700 Meter entfernt am Altstädter Markt 6 liegende Deutsche Goldschmiedehaus ist das ehemalige Rathaus Hanaus, ein sehr schönes Fachwerkgebäude aus dem 16. Jahrhundert. Im Museum befindet sich eine der wichtigsten Sammlungen von Gold- und Silberschmiedekunst in Deutschland.

88__Das Dornröschen

Äpfel stehen im Zentrum

In diesem gepflegten, modernen Landgasthof inmitten der landschaftlichen Idylle des Odenwalds dreht sich fast alles um den Apfel. Die Wirtsleute, Peter und Carola Merkel, bewahren hier auf hohem Niveau die Apfelweinkultur: Die hauseigene Kelterei produziert fünf verschiedene, teilweise sortenreine Jahrgangs-Apfelweine, zudem mehrere Varianten Apfelsekt, einen »Apfelzider«, Säfte und natürlich Apfel- und andere Obstbrände. Im Dornröschen lässt sich bei Führungen durch die Kelterei, einer Apfelweinverkostung mit deftigen Häppchen und den Vorträgen von Peter Merkel – »Schoppegeschwätz« genannt – allerhand über das Stöffche, seine Produktion und seine Geschichte lernen.

Die Wirtin ist vor allem für die süßen Apfel-Akzente verantwortlich, für Kuchen und Torten aus der eigenen Konditorei, für Apfelgelee, Rosentrüffel oder die Apfelschaumweintorte »Charlotte«. Wer diese Spezialität selbst backen möchte, kann dies in Seminaren von Carola Merkel lernen. Die Küche des Hauses ist gutbürgerlich und heimatverbunden: Kartoffelsuppe mit Apfel und Kürbis, Ochsenbäckchen mit hausgemachten Kartoffelklößen oder Kartoffelbratwurst mit Wirsing-Rahmgemüse gehören zu den Spezialitäten. Zum Essen kann ein Pröbchen-Brett mit Kostproben verschiedener Apfelweinsorten bestellt werden. Im Sommer lockt eine Apfelwein-Terrasse. Die kleine Apfelwein-Boutique offeriert neben den Spezialitäten des Hauses auch Apfelbrände und Liköre von Odenwälder Edelbrennereien sowie andere Feinkost aus regionaler Produktion.

Vor über 100 Jahren, so erzählen die Merkels, haben wohl Wanderer dem Gasthaus im Odenwald den Namen Dornröschen gegeben. Denn wie die Märchenfigur der Brüder Grimm scheint das schön gelegene Gasthaus verwunschen und abgeschieden von der Welt in dem kleinen Tal zwischen sanften Hügeln mit Streuobstwiesen und Mischwäldern am Rand des kleinen Orts Annelsbach zu liegen.

Adresse Annelsbacher Tal 43, 64739 Höchst im Odenwald, Tel. 06163/2484, www.dornroeschen-annelsbach.de | Anfahrt A 3 von Frankfurt bis zur Ausfahrt Dieburg, dort auf die B 45 bis Annelsbacher Tal | Öffnungszeiten Fr–Mo 12–21 Uhr | Tipp Der etwa 2,4 Kilometer entfernte Archäologische Park »Römische Villa Haselburg« ist öffentlich zugänglich. Man erreicht ihn über die Landstraßen K 115 und L 3106. Das dazugehörige Informationszentrum mit Fundstücken ist samstags und sonntags am Nachmittag geöffnet.

89 Der Birkenhof

Bembelschänke mit Blick auf die Skyline

Schon die Auswahl der Künstler, die hier auftreten, belegt die Weltoffenheit dieser idyllischen Straußwirtschaft mit Blick auf die Frankfurter Wolkenkratzer. Hier finden unter freiem Himmel sowohl Rock-Bands wie die Chord Jacks als auch das Hornauer Blasorchester oder Comedians beim »Big Apple Comedy« eine Bühne. In der Bembelschänke sitzen die Gäste unter einer riesigen alten Eiche. Von Mai bis September können sie sich an dem hier gekelterten Apfelwein aus Äpfeln der hofeigenen Streuobstwiesen und deftiger Regionalküche laben. Alles wird frisch zubereitet, der Kartoffelsalat zur Wildschweinbratwurst ebenso wie der Spundekäs, der Handkäs mit Musik oder die Kuchensorten.

Ganzjährig geöffnet ist der Hofladen mit hausgemachten Marmeladen, Soßen und Suppen sowie Essigen und selbst gebrannten Schnäpsen. Üppig ist die Auswahl von erntefrischem Obst und Gemüse – schließlich verfügt der Birkenhof über 30.000 Obstbäume. Nicht nur 21 Sorten Äpfeln werden geerntet, sondern auch Johannisbeeren, Himbeeren, Stachelbeeren, Zwetschgen, Mirabellen, Pfirsiche, Nektarinen, Aprikosen, Birnen und Quitten. Neben dem Apfelwein gilt der frisch gepresste, nur wenige Tage trinkbare »Süße« (anderswo Apfelmost genannt) als Hof-Verkaufsschlager. Zudem gibt es hier einen hausgemachten Cidre, einen Apfelschaumwein mit 30-prozentigem Birnenanteil sowie Bio-Produkte anderer Manufakturen und ausgesuchter Höfe.

Besonders stolz sind die Hofbetreiber Gregor und Angela Betzel – deren Familie den Hof 1928 gründete – auf ihren ökologischen Anspruch. Äpfel werden zu 100 Prozent verwertet. Die besten Äpfel der Güteklasse I werden verkauft, alle anderen kommen zum Keltern in die Keller. Apfeltrester wird an Schafe oder Rinder befreundeter Bauern verfüttert. Auch Kisten, Steigen und Paletten gehören im Bestreben nach Nachhaltigkeit zu verschiedenen Pfandsystemen und werden immer wieder neu benutzt.

Adresse Reifenberger Straße 16, 65719 Hofheim am Taunus, Tel. 06192/1338, www.taunusobst.de | Anfahrt A 66 von Frankfurt Richtung Wiesbaden, bei der Abfahrt Zeilsheim / Hofheim-Nord auf die L 3018, etwa 4 Kilometer bis zur Reifenberger Straße | Öffnungszeiten Di–Fr 9–13 und 14–18 Uhr, Sa 9–14 Uhr | Tipp Wer auch Schweine- oder Lammfleisch beim Direktvermarkter kaufen möchte, findet im Bauernhof Ziller in der Schulstraße 59 ein gutes Angebot. Es empfiehlt sich, einen Termin zu vereinbaren (Tel. 06192/31319).

90 Der Felsenkeller

Mit »Abbel und Gebabbel« das Stöffche feiern

»Ebbelwoi ist unsere Leidenschaft« – so definieren die Wirtsleute Franziska und Lars Kochendörfer den Geist ihres Hauses. Seit 1904 pflegt die Familie Kochendörfer nunmehr in der vierten Generation diese Tradition im Hotel Felsenkeller im pittoresken Taunusstädtchen Idstein, etwa 50 Kilometer von Frankfurt entfernt. Das beginnt schon bei der Produktion des Stöffche im Keller des Gasthauses, das sich direkt neben Schloss und Hexenturm am Rand der historischen Altstadt befindet. Äpfel zahlreicher Sorten – wie Berlepsch, Schafsnase, Boigen, Bonapfel, Boskop oder Ontario – werden in einer Rätzmühle gemahlen, dann wird mit einem fast 100 Jahre alten Kelter der Apfelsaft gepresst und schließlich in großen Fässern gekeltert.

Das Gasthaus zelebriert sein hochgelobtes Stöffche mit zahlreichen Festen. Kurz vor Weihnachten wird der neue, noch hefetrübe, leicht prickelnde Apfelwein probiert, im Januar dann das erste Fass angestochen. Die Karten für das Fest zum ersten Ausschank der verschiedenen Tropfen sind heiß begehrt. Zweimal im Monat gibt es im Felsenkeller jeweils sonntagmittags einen Apfelweinstammtisch, bei dem »über unser Lieblingsgetränk gelacht und gefachsimpelt werden« soll.

Am jährlichen »Tag des offenen Denkmals«, veranstaltet vom regionalen Streuobstkreis, dreht sich in Programm und Bewirtung alles um den Apfel. Ein Höhepunkt im Jahr ist das »Abbel und Gebabbel«, was so viel wie »Apfel und Gerede« bedeutet. Bei dieser Veranstaltung werden in hessischer Mundart Geschichten rund um die nassauische Heimat vorgetragen, und es wird dem Äppelwoi zugesprochen. Schließlich gibt es vor dem Hotelgebäude seit über einem Jahrzehnt jährlich das Fest »Apfelwein unterm Hexenturm«. Bei dem populären Volksfest mit Musikgruppen und Chören, einem Schaukeltern und Infoständen offerieren Idsteiner Wirte regionale Spezialitäten und selbst gekelterten Apfelwein.

Adresse Schulgasse 1, 65510 Idstein, Tel. 06126/93110, www.hotel-felsenkeller-idstein.de | **Anfahrt** A 66 von Frankfurt-West Richtung Wiesbaden, dann A 3 Richtung Köln, bei der Ausfahrt Idstein auf die L 275 und ins Zentrum von Idstein | **Öffnungszeiten** Mo–Do, Sa 10–23 Uhr, So 17–23 Uhr | **Tipp** Der 42 Meter hohe Hexenturm in der Schloßgasse ist das Wahrzeichen Idsteins. Der mittelalterliche ehemalige Wachturm wurde über die Jahrhunderte mehrfach umgebaut und verändert. Er kann täglich außer montags besichtigt werden.

91_Der Hof Gimbach

Äppelwoi-Idylle am ehemaligen Wallfahrtsort

Die Familie Pfeffer / Schiela, schon in der dritten Generation Pächter des idyllischen Gasthauses im Vordertaunus, pflegt diskret, aber eindrucksvoll die große, facettenreiche Geschichte des Gimbacher Hofs. »Am Fuße des Staufen, gar vielen bekannt, schaut der Gimbacher Hof weit ins Hessische Land. An diesem Ort, so lieb und traut, hat man einst Sankt Johannes eine Kirche gebaut. Wo immer sich tat ein Kirchturm erheben, setzte stets der Teufel ein Wirtshaus daneben. Dem Gimbacher Hofwirt fiel's Richtige ein, er zapfte den Gästen den Äppelwein.« Diese Gedichtzeilen der früheren Wirtin Margarethe Pfeffer fassen die bewegte Historie dieses Hofs knapp zusammen. Jahrhundertelang konnte das Haus an dem wichtigsten Wallfahrtsort der Region Zimmer und Verpflegung offerieren. Denn gleich neben dem Gimbacher Hof stand die Sankt Johannes geweihte, 1830 abgerissene Wallfahrtskapelle, auf die heute nur noch die steinernen Fundamente verweisen.

Regelmäßig gibt es hier Führungen mit der Historikerin Monika Öchsner zu frühchristlichen Spuren wie dem Roteldis-Grabstein aus dem 7. Jahrhundert und zu den Standorten der Kapelle und der Eremitage der Mönche, die den Wallfahrtsort pflegten. In Gimbach konnten Pilger seit dem Mittelalter den »großen Ablass« des Vatikans erwerben. Hier in der Gegend sollen der Legende nach auch der Räuber Schinderhannes und seine Mannen Unterschlupf gefunden haben. Beendet werden die historischen Exkursionen im romantischen Hofkeller mit einer Probe des hier gekelterten Apfelweins.

Der Hof Gimbach, zum ersten Mal 1488 urkundlich erwähnt, ist heute ein beliebtes, wunderschön gelegenes Ausflugsziel mit regionaler Küche. Hier beginnen auch zahlreiche Wander- und Radwege. Im Sommer sitzt man an langen Tischen und Bänken im Schatten großer Kastanienbäume. Für Kinder gibt es einen schönen Spielplatz, einen Traktor zum Klettern sowie ein kleines Tiergehege.

Adresse Gimbacher Weg, 65779 Kelkheim im Taunus, Tel. 06195/3241, www.hof-gimbach.de | **Anfahrt** A 66 nach Wiesbaden, bei der Ausfahrt Königstein auf die B 8 bis Kelkheim-Hornau, dort über Gagernring, Pestalozzistraße, Bahnstraße, Altkönigstraße und Gundelhardstraße bis zum Gimbacher Weg | **Öffnungszeiten** Mo, Di, Do, So 11.30–23 Uhr, Fr, Sa 11–24 Uhr | **Tipp** Die neuromanische Kloster- und Pfarrkirche St. Franziskus (Mainblick 51) ist ein Wahrzeichen Kelkheims. Ihre Fenster sind mit farbenprächtigen Glasmalereien geschmückt.

92__Das Pomologen-Denkmal

Ein Held des Apfelbaumanbaus

Pastor Johann Ludwig Christ (1739–1813) war seinen Schäfchen in der Gemeinde sicher ein guter Hirte. Das Denkmal für den Schwaben im malerischen Taunusstädtchen Kronberg ist aber nicht seinem Wirken als evangelischer Seelsorger gewidmet, sondern vielmehr dem leidenschaftlichen Einsatz für die Apfelbaumkultur. Da ihn auch die Katholiken bewunderten, war es 1885 kein Problem, dass das Denkmal für den Protestanten gegenüber der katholischen Kirche St. Peter und Paul errichtet wurde.

Kronberg hat es Ludwig Christ, der auch Obst- und Insektenkundler war, zu verdanken, dass der Ort für Jahrzehnte führend im Obst- und Apfelanbau sowie Obstbaumhandel wurde. Daran erinnert die zwei Meter hohe Steinsäule, auf der ein üppiges bronzenes Obstbukett thront. An der Frontseite prangt das Bronzerelief-Porträt des Pfarrers, sein Blick geht in Richtung der nahen Obstwiesen. Fast 40 Jahre widmete sich der Geistliche praktisch und theoretisch der Obstkultivierung und Bienenzucht. Seine »Vollständige Pomologie« wurde noch zu seinen Lebzeiten zum wissenschaftlich anerkannten Standardwerk über Apfelsorten. Aber auch mit populären Schriften wie »Der Baumgärtner auf dem Dorfe« hatte Christ großen Erfolg. Der »Obstpfarrer«, wie er genannt wurde, war nicht unumstritten. Vor allem sein Bemühen, auch einfachen Menschen und Kleinbauern die Feinheiten des Obstanbaus näherzubringen, wurde misstrauisch beäugt.

Trotz persönlicher Schicksalsschläge – drei seiner Kinder starben – und großer Not in kriegerischen Jahren legte er Obstwiesen an, schulte Landwirte und Gärtner. Christ, der sich selbst als volksnahen Lehrer sah, erfand auch einen »Dörrofen mit zirkulierenden Rauchgängen« für Obst, von dem einige Exemplare noch an der Stadtmauer erhalten sind. Auch die Pfarrer-Christ-Obstwiese mit zahlreichen Obstbäumen und Infotafeln erinnert an das Lebenswerk des umtriebigen Pfarrers.

llkommen auf der Pfarrer Christ-Obstwiese

Johann Ludwig Christ war von 1786 bis 1813 Oberpfarrer der evangelisch-lutherischen Gemeinde in Kronberg. Er war einer der großen Volkserzieher des 19. Jahrhunderts.
Ein Mann, der sich nicht mit der Verkündigung des Gotteswortes begnügte, sondern seine Fähigkeiten immer praktisch und engagiert zum Wohl seiner Mitmenschen eingesetzte.

Bekannt geworden ist er als Naturforscher, Schriftsteller und Pionier des Obst- und Landbaus. Kaum ein Aspekt, den er hier nicht „bis aufs Würzelchen" erkundet hätte.

»Sie wissen, wenn ich an etwas komme, so mögte ichs gern bis auf das Würzelchen auskundschaften, und da ist mir keine Arbeit zu viel, und keine Unbequemlichkeit unüberwindlich.«

Auf Pomor

Pomona, die römische Gött
Idee eines Denkmals im Gr
Pfarrer Christ hätte es vielle
Der Musterobstwiese wäre
Hat er doch den Grundstei
hier in Kronberg bis zum End
Rolle spielte.

Noch heute spiegelt
Vergangenheit, präg
der Stadt. An den So
wärmeliebende Früc
ganz besonders aber
Spezialität, das „Stö

Bevor Sie sich
Apfelwein – zu
bietet, wandel

Adresse Katharinenstraße, 61476 Kronberg im Taunus | **Anfahrt** im Westen Frankfurts auf die A 66 Richtung Wiesbaden, bei der Ausfahrt Eschborn die L 3005 bis nach Kronberg, dort in die Ortsmitte | **Tipp** Die Villa Bonn, keine 100 Meter entfernt, ist das Rathaus der Stadt. 1860 wurde sie von der Bankiersfamilie Bonn als Landsitz erbaut, 1922 von der Stadt erworben.

93 Der Höhl-Apfelhof

Ambitioniertes Start-up mit großer Tradition

Johanna Höhl genießt in Hessen viel Bewunderung. Die promovierte Betriebswirtin steht sowohl für ein mutiges Start-up in der Apfelwirtschaft als auch für die Tradition der ältesten Apfelweinkelterei Deutschlands. Das Unternehmen in Maintal trägt noch immer den Namen Höhl, gehört aber mit seinen berühmten Marken »Blauer Bock« und »Der alte Hochstädter« seit 2008 zum Getränkekonzern Hassia-Gruppe. Johanna Höhl, Spross der 1779 begründeten Apfelwein-Dynastie, hat noch bis 2014 die Geschäfte geführt. Dann nahm sie schweren Herzens Abschied von der Kelterei, die über acht Generationen ihrer Familie gehörte.

Die tatkräftige, lebenslustige Managerin, verheiratet mit dem früheren Fußballstar Dieter Müller, setzte sich aber keineswegs zur Ruhe. Stattdessen erwarb sie die von ihrem Vater kreierte Marke »BioEss« und gründete mit Tochter Anna und Sohn Johannes die »Dr. Höhl's GmbH & Co. KG«, die sich schnell einen ausgezeichneten Ruf erwarb. Das Start-up produzierte zunächst einen hochpreisigen Delikatess-Apfelessig – der Erfolg überraschte, hatte doch ein ähnliches Produkt der Kelterei Höhl lediglich in den 1990er Jahren kurz als Schlankheits- und Fitnessgetränk reüssiert. Vater Höhl trank früher mittags stets einen Schoppen aus Wasser und Apfelessig, so überzeugt war er von der entschlackenden und entgiftenden Wirkung. Damit wirbt nun auch Dr. Höhl's, der saure Saft helfe gegen Müdigkeit und Erschöpfung. Heute gibt es mehrere Rezepturen, eine davon mit 40 Prozent Honig angereichert. Rasch wurde das Angebot erweitert, etwa mit dem »Pomp Classique«, einem Mix aus Rheingauer Rieslingsekt und Hochstädter Apfelwein, dem »Pomp Classic« und dem »Pomp Rosé«, zwei Cuvées aus Rieslingsekten, und der Champagner-Reinette, einer seltenen, edlen Apfelsorte, sowie einem alkoholfreien »Pomp Grande Cuvée 0,0« aus Biofruchtsäften, Apfelessig, Aroniabeeren und 21 Kräutern und Gewürzen.

Adresse Am Weides 55, 63477 Maintal, Tel. 06181/4988919 | **Anfahrt** B 8 von Frankfurt-Ost bis Maintal, dort in die Kennedystraße, dann auf der L 3195 bis Am Weides | **Öffnungszeiten** Hoffeste mit wechselnden Terminen, Besichtigung nach Absprache | **Tipp** Der Hanauer Märchenpfad mit elf von Märchen der Brüder Grimm inspirierten Skulpturen befindet sich etwa sechs Kilometer entfernt in der Hanauer Innenstadt zwischen Schlosspark und Französischer Allee.

94 Die Kelterei Höhl

Älteste Apfelweinkelterei Deutschlands

Rudolf Höhl, Spross der gleichnamigen Keltereidynastie in Maintal-Bischofsheim, gelang 1965 ein echter Coup: Er überzeugte den Hessischen Rundfunk davon, ihm die Markenrechte der bundesweit populären Fernsehsendung »Zum Blauen Bock« zu verkaufen. Vermutlich war Apfelwein in Deutschland niemals populärer als in jenen Jahren, in denen die legendären Conférenciers Heinz Schenk und Lia Wöhr ein Millionenpublikum mit hessischem Gebabbel und apfelweinseligem Gesang und Schunkeln begeisterten. In den 1990er Jahren wurden allein in Hessen über 120 Millionen Liter Apfelwein im Jahr getrunken, 25 Jahre später waren es nur noch etwa 35 Millionen. Seit 2015 steigt der Apfelweinkonsum wieder an, vor allem dank neuer Apfelwein-Mixgetränke und hochwertiger Äppelwoi-Kreationen. Die Krise des Apfelweins ab den 1990er Jahren war auch mit eine Ursache dafür, dass die Höhls nach acht Generationen ihren Betrieb 2008 an den Hassia-Konzern verkaufen mussten.

Die älteste Apfelweinkelterei Deutschlands wurde 1779 von Michael Weber in Hochstadt gegründet. Zunächst verkaufte er in seiner »goldenen Krone« mehr Wein als Äppelwoi, schließlich prägte damals Weinbau den Ort. Weber glaubte an die Zukunft seines selbst gekelterten Stöffche. Schon bald belieferte er andere Gaststätten und Privathaushalte in der Region. Das stete Wachstum der Kelterei wurde erst im 20. Jahrhundert gestoppt. Während der beiden Weltkriege erließ Berlin – zunächst unter dem Kaiser, später dem »Führer« – strenge Auflagen, um die »Verschwendung« des kriegswichtigen Agrarprodukts Apfel zu stoppen.

In den 1950er Jahren gelang den Höhls ein neuer Aufschwung, 20 Jahre später war die Kelterei der bekannteste und größte Apfelweinhersteller in der Bundesrepublik. Höhl durfte sich früher als andere rühmen, dank der Kaltvergärung einen hochwertigen Premium-Apfelwein herzustellen. Bestverkaufte Marke bis heute: »Der echte Hochstädter«.

Adresse Konrad-Höhl-Straße 2–4, 63477 Maintal, Tel. 06181/40990 | Anfahrt A 66 vom Nordosten Frankfurts bei der Ausfahrt Maintal-Dörnigheim auf die L 3195 und bis zur Konrad-Höhl-Straße | Öffnungszeiten historisches Keltereigerät im Hof, von außen einsehbar | Tipp Das pittoreske Schützenhäuschen Hochstadt, in etwa 900 Meter Entfernung über die Wachenbucher Straße erreichbar, erinnert an die alte Weinbautradition des Ortes. Bis 1916 wurden hier Trauben geerntet, obwohl Hochstadt längst Hochburg der Apfelweinproduktion war.

95__Die Kelterei Stier

Kreative Traditionspflege

Apfelweinkelterer sind meist traditionsbewusste Idealisten. Bei Jörg Stier kommen aber noch viel Leidenschaft und Kreativität sowie ein enormes Interesse an der Geschichte hinzu. Von all dem zeugen schon allein die 40 verschiedenen Apfelweinsorten, Apfel-Champagner und alle möglichen anderen Apfeldelikatessen des Familienbetriebs. Zudem hat Stier ein Apfelwein-Museum in Hanau aus dem Boden gestampft. Er hält seit vielen Jahren Vorträge zu Themen rund um den Äppelwoi und organisiert Verköstigungen. Er besitzt eine wertvolle Apfelwein-Bibliothek mit Büchern aus ganz Europa. Er selbst hat fast ein Dutzend Bücher über sein Lieblingsthema geschrieben, darunter Fachliteratur, aber auch »Emma und Einhard«, eine Erzählung über Intrigen und Liebe im Dunstkreis Karls des Großen – und natürlich spielen Äpfel da eine besondere Rolle. Jörg Stier, der sehr amüsant Apfelwein-Anekdoten zu erzählen weiß, kämpft an vielen Fronten für den Erhalt der traditionellen Apfelweinproduktion wie auch für eine moderne Apfelweinkultur, die junge Menschen anspricht.

Die Kelterei produziert den Apfelmost nach einem traditionellen Verfahren mit hochmodernem Gerät, aber ohne Konzentrate und Zusatzstoffe. Mit Speierling, Mispel, Mostbirne oder Renette bekommen die Stöffche ihre jeweils eigene Note. Im kleinen Laden werden auch Apfelchips, Apfelschaumwein-Trüffel, Apfel-Spirituosen, Apfelsenf oder zu Weihnachten Apfelsaftstollen angeboten. Die Söhne Stiers, Marco und Laurin, sind dabei, das Geschäft langsam zu übernehmen. Expansion sei aber kein Ziel, allein weil die Menge der Äpfel aus der Region begrenzt sei und er die Produktion in allen Phasen selbst kontrollieren wolle, betont der »Kleinstkelterer«, wie er sich selbst bezeichnet.

Seine Kelterei sei die einzige in Europa, die für den Apfelschaumwein die klassische Champenoise-Methode mit Flaschengärung nutze.

Adresse Am Kreuzstein 25, 63477 Maintal, Tel. 06109/65099 | **Anfahrt** im Nordosten Frankfurts auf die Friedberger Landstraße Richtung Bad Vilbel, dann auf die B 531 Richtung Maintal | **Öffnungszeiten** Mo – Fr 9 – 18.30 Uhr, Sa 9 – 14 Uhr | **Tipp** Die Ebbelwei-Schänke ist ein traditionelles Restaurant in einem sehr schönen Fachwerkhaus nahe dem Rathaus in der historischen Altstadt von Maintal-Hochstadt.

96__Das Schanz

Rock und Handkäs bei »Beats 'n' Bembel«

Die Kulturhalle Schanz ist gleichermaßen Kulturzentrum, Wohnzimmer, Kneipe und Biergarten. Aber sie ist auch eine Bühne für lebendige Apfelweinkultur. Das auf Initiative junger Mühlheimer 1998 eröffnete Kulturzentrum ist inzwischen ein weit über die Ortsgrenzen hinaus bekannter Veranstaltungsort für Musik, Comedy, Kabarett, Kleinkunst, Lesungen und Aufführungen aller Art. Mehr als 120 Veranstaltungen jährlich gibt es in dem Zentrum, das von Politik und Wirtschaft Mühlheims unterstützt wird. Auch die lokalen Künstler Hagen Bonifer und Rudi Blaze engagierten sich und peppten den Laden mit viel Farbe und Phantasie auf.

Insbesondere der regionale Bezug wird hier sehr gepflegt; daher kommt der Apfelwein immer wieder zu besonderen Ehren. Beim »Beats 'n' Bembel« gibt es alle zwei Wochen ein geselliges Treffen mit »Schoppe, Handkäs und Hessenmucke« – dann erklingt zum Apfelwein und Handkäse auch hessische Rockmusik, von den »Rodgau Monotones« oder der Rammstein-Coverband »Stammheim«, die hier schon oft aufgetreten ist. Als Hausschoppen gelten die Tropfen der Kelterei Stier, es werden aber auch abwechselnd immer wieder Sorten anderer Kelterer angeboten. An den gastronomischen Abenden in der Kulturhalle stand das Stöffche schon mehrfach im Mittelpunkt.

Künstler mit lokalem Bezug sind besonders gefragt. Bands wie »Magic Ed Combo«, »Masters of Rock«, »Captain Bembel & die Feingerippte!« oder die AC/DC-Tribute-Band »AB/CD« fanden hier früh eine Bühne. Auch die Gäste der Kulturhalle werden zuweilen einbezogen, so einmal wöchentlich beim Pubquiz oder beim »Art'n Soul Malevent«. Bei diesem Kunst-Happening erschaffen Gäste unter Anleitung einer erfahrenen Künstlerin ihr jeweils eigenes Werk. Im »Wohnzimmer« finden zuweilen kleinere Veranstaltungen statt, zum Beispiel Lesungen des Offenbach-Krimi-Autors Thorsten Fiedler.

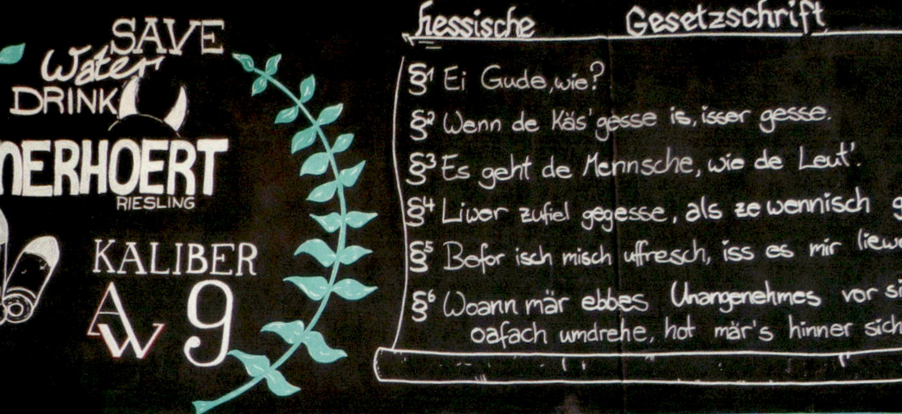

Adresse Carl-Zeiss-Straße 6, 63165 Mühlheim am Main, Tel. 06108/791247, www.schanz-online.de | Öffnungszeiten Mo–Sa 18–23 Uhr | Tipp In Mühlheim gibt es ein wunderschönes Auto- und Möbelmuseum, in dem der Unternehmer Hans Günther Zach wertvolle Möbel und zahlreiche Oldtimer, darunter viele Rolls-Royce, zusammengetragen hat. Besichtigungen sind allerdings nur nach Absprache möglich (www.autoundmoebel-museum.de).

97__Der Hessenpark

Feste und Lesungen rund um den Apfelwein

Die Hessen und der Äppelwoi haben manches gemein. Anderswo in Deutschland weiß man mit beiden wenig anzufangen. Der Funky-Song »Erbarme, die Hesse komme« von den »Rodgau Monotones«, heute so etwas wie die inoffizielle Hymne Hessens, verweist auf das merkwürdige Image der Landesbewohner. Anders als Sachsen oder Bayern schauen die Hessen nicht auf eine gemeinsame jahrhundertealte Geschichte zurück, sie leben in einem föderalen Nachkriegs-Konstrukt, das religiös und landsmannschaftlich sehr unterschiedlich geprägt ist. Deshalb gibt es wohl nicht einmal gescheite Vorurteile über die Hessen.

Auch das Stöffche ist den meisten Deutschen fremd, in Bier- und Weinregionen wird es oft nur belächelt. Wie gut Hessen und Äppelwoi harmonieren, wird auch im Freilichtmuseum Hessenpark augenfällig, einem Ort, der geschaffen wurde, um etwas zur jungen hessischen Identität beizutragen. Das in den 1970er Jahren errichtete Museum ist ein weitläufiges, großes Dorf mit einer bunten Vielfalt von restaurierten oder originalgetreu errichteten Fachwerkhäusern, Bauernhöfen, Kirchen, Synagogen und Windmühlen. In Werkstätten wird mittelalterliches Handwerk wie Seilerei, Blaufärberei, Pfeifenschnitzen oder Köhlerei gezeigt und damit Alltagskultur der Vergangenheit lebendig. Der malerische, 65 Hektar große Hessenpark ist aber auch ein Landwirtschaftsbetrieb mit Zuchtprogrammen für selten gewordene Nutz- und Haustierarten wie Störche sowie einer Gärtnerei mit historischen Nutz- und Zierpflanzen.

Ausstellungen, Vorträge, Konzerte, Theaterstücke und Märkte gehören zum Programm des Parks. Oft sind Apfel und Äppelwoi Thema: Auf Apfel- und Keltereifesten oder in der Hofanlage Emstal-Sand wird vor den Augen der Besucher frischer Most auf historischen Keltern gepresst. Die Goldschmiedewerkstatt am pittoresken Marktplatz offeriert Schmuck und Manschettenknöpfe in Form von Bembeln und Gerippten.

Adresse Laubweg 5, 61267 Neu-Anspach, Tel. 06081/5880, www.hessenpark.de | **ÖPNV** vom Frankfurter Hauptbahnhof mit Taunusbahn R15 nach Neu-Anspach, dann mit Bus 63 Richtung Wehrheim bis Hessenpark; Sa, So und Feiertage Bus 5 von Bad Homburg/Bahnhof direkt ins Freilichtmuseum | **Anfahrt** A 5 von Frankfurt Richtung Norden, bei der Ausfahrt Friedberg auf die L 3063 | **Öffnungszeiten** Mo–So 10–18 Uhr | **Tipp** Das Römerkastell Saalburg ist ein rekonstruiertes römisches Kastell mit großem archäologischen Park und Museum (Am Römerkastell 1).

98 Der Apfelwein-Föhl

Wo Gorbatschow den Äppelwoi petzte

Bei einem Zwischenstopp in Frankfurt im Herbst 2006 auf dem Rückweg von Washington nach Moskau wollte der ehemalige Präsident der Sowjetunion, Michail Gorbatschow, ein typisches Apfelweinlokal kennenlernen. Weil der Friedensnobelpreisträger mit seiner Tochter im Luxushotel Gravenbruch im Süden Frankfurts nächtigte, brachte ihn der damalige Chef der »Bild«-Zeitung, Horst Cronauer, zum Apfelwein Föhl ins nahe Neu-Isenburg. Der Ort wurde von Hugenotten geprägt, die hier im 17. Jahrhundert als Glaubensflüchtlinge aus Frankreich Zuflucht gefunden hatten. Den Fotos nach zu urteilen schien sich der hohe Besuch aus Moskau im Föhl bei Äppelwoi und einer deftigen Haxe pudelwohl zu fühlen.

Das gepflegte Apfelweinlokal am Neu-Isenburger Marktplatz ist heute kaum ein wirklicher Geheimtipp. Dennoch finden nicht viele Touristen den Weg in das von Reiseführern hochgelobte Lokal. Es sind vor allem Stammgäste aus der Region, die die schönen honigfarbenen und getäfelten Gasträume und im Sommer den lauschigen Innenhof mit vielen Pflanzen bevölkern. Geführt wird das malerische Gasthaus in der kleinen Altstadt Neu-Isenburgs seit etwa 25 Jahren von den Gastronomen Ulrike Wipfler und Uwe Vollmershausen, die erfolgreich an die Tradition des Hauses anknüpften. Nicht alle hatten das erwartet, ist doch Uwe Vollmershausen vor allem als alter Rock 'n' Roller bekannt, der zuvor mit der legendären Music Hall in Frankfurt die erste Großstadt-Disco im Rhein-Main-Gebiet betrieb. Gemeinsam führte das Gastronomenduo auch ein mexikanisches Lokal.

Die Föhl-Karte ist regional und bodenständig, aber auch kreativ. So gibt es neben deftiger Hausmannskost wie Eintöpfen und Schweinebraten auch eine gebackene Blutwurst mit Ingwerkompott oder die Eigenkomposition »Dreikäsehoch«. Der selbst gekelterte Apfelwein kann auch in 2,5-Liter-Kanistern mit nach Hause genommen werden.

Adresse Marktplatz 1, 63263 Neu-Isenburg, Tel. 06102/39669, www.apfelwein-foehl.de | **ÖPNV** Straßenbahn 17, Haltestelle Neu-Isenburg/Stadtgrenze, dann etwa 600 Meter zu Fuß | **Anfahrt** Darmstädter Landstraße im Süden Frankfurts nehmen, nach etwa 3 Kilometern geradeaus in die Stadt Neu-Isenburg | **Öffnungszeiten** Mo–Sa 17–22 Uhr, So 21–21 Uhr | **Tipp** Das »Frankfurter Haus« ist ein traditionsreiches, sehr schönes und populäres Gasthaus mit prächtigem Biergarten, das auch bei Prominenten sowie den Reichen und Schönen der Region sehr beliebt ist.

99__Das Apfelundwein

Kelterei mit höchsten Ansprüchen

Wulf und Ingrid Schneider sprechen selbstbewusst von einer »Kelterei der neuen Generation«. Als der studierte Ingenieur Schneider 2007 in Rente ging, wollte er mit seiner Frau etwas völlig Neues und Herausforderndes beginnen, nach den Jahren im Büro am liebsten etwas Naturverbundenes. So entstand die Idee einer Kelterei mit der »Philosophie zur dauerhaften Verbesserung der Apfelweine« und einer »Vinifizierung von Apfelweinen« – kurz: einer Veredelung des Stöffche.

Die Anstrengungen, Apfel-Streuobstwiesen zu kultivieren und die Vielfalt sortenreiner Apfelweinerzeugnisse zu erweitern, bescherten dem ehrgeizigen Paar großen Erfolg: In vielen Weinläden, Restaurants und Wirtshäusern Hessens finden sich inzwischen die edlen Produkte von Apfelundwein. Bei der Internationalen Apfelweinmesse »CiderWorld« wurde die Kelterei für ihre Apfelweine mehrfach mit dem »Pomme d'Or« und dem »Pomme d'Argent« ausgezeichnet. Die Apfelweinverkostungen in der stilvollen, feinen Apfelundwein-Vinothek erfreuen sich großer Beliebtheit. Zur charmanten, informativen Präsentation der Produkte werden hessische Spezialitäten wie Himmel und Erd, Grie Soß mit Pellkartoffeln oder Handkäs mit Musik offeriert.

Die Schneiders nutzen für die Herstellung ihrer Apfelweine, Apfelschaumweine, Apfeldessertweine sowie Brände die ausgefeilten Techniken des Weinbaus im Rheingau und in Rheinhessen. Als Rohmaterial werden ausschließlich Äpfel regionaler Sorten wie Rewena, Kaiser Wilhelm, Roter Boskop oder Haux genutzt, die von über 90 Jahre alten Streuobstwiesen in der Nähe stammen. Der akribische Umgang mit dem Rohprodukt führt auch dazu, dass die verschiedenen Apfelsorten zu unterschiedlichen Zeiten geerntet werden, da jede Apfelsorte einen optimalen Reifezeitpunkt hat. Die Kelterei legt größten Wert auf die Transparenz der Produktion, die einzelnen Schritte der Herstellung sollen erkennbar sein.

Adresse Bohnheck 5, 65527 Niedernhausen, Tel. 06127/967466, www.apfelundwein.de | **Anfahrt** in Frankfurt-West auf die A 3, bei der Ausfahrt Wiesbaden/Niedernhausen auf die Frankfurter Straße L 3028 bis Bohnheck | **Öffnungszeiten** Mo–Sa 8–19 Uhr | **Tipp** Im Ortskern von Oberjosbach befinden sich zwei außergewöhnlich schöne Fachwerkhäuser (Altes Rathaus 2 und 3).

100 Das Alt-Orschel

Straußwirtschaft mit viel Kultur und einem Meister

Auf Hochdeutsch müsste es »Alt-Oberursel« heißen. Denn »Orschel« ist nichts anderes als der Name dieses Taunus-Städtchens in breitem Hessisch. So unspektakulär der Name dieser Straußwirtschaft und Kelterei sein mag, so außergewöhnlich ist ihr Programm. Denn die Kleinkunst-Darbietungen Alt-Orschels – das nicht nur in der Wirtschaft eine Bühne hat – ziehen Besucher aus der ganzen Region an. Zudem wird hier jedes Jahr Hessens Apfelweinkönig gekürt.

Mit den Jahren ist das Kulturprogramm im Alt-Orschel, gestaltet von den Wirtsleuten, den Brüdern Florian und Valentin Steden, immer größer geworden. Traditionell startet es im Mai mit einem Fest im überdachten Hof der Straußwirtschaft, dann treten im Sommerhalbjahr in lockerer Reihenfolge Künstler, Musikgruppen, Comedians und Theatergruppen vor allem aus dem Hessenland auf – verteilt auf viele Schauplätze im Ortskern von Oberursel. Zu den Protagonisten zählen Komiker und Comedians wie Bodo Bach, Johannes Scherer oder das lokale Urgestein Peter »Schüssel« Schüßler, der die Welt aus der Orscheler Sicht erklärt. Meist volkstümliche Stücke führen Ensembles wie die »Blaulichtkomödianten« von der Freiwilligen Feuerwehr Oberstedten oder der Amateur-Theaterverein »Szenenwechsel« auf.

Besonders populär im Alt-Orschel sind das jährliche Brunnenfest im Juni und die hessischen Apfelweinmeisterschaften. Drei Tage lang testen etwa 300 Apfelwein-Liebhaber bei einer Blindverkostung die Stöffche von etwa 20 Privatkeltereien, die nach regionalen Vorentscheidungen in die Schlussrunde gelangt sind. Organisator ist Johannes »Jockel« Döringer, Inhaber der »Apfelweinagentur«. Es wird streng auf die Seriosität der Schoppepetzer geachtet:

Ein Schild vor den Zehn-Liter-Glasballons, in denen die Apfelweine namenlos säuberlich durchnummeriert sind, mahnt: »Das ist eine Apfelweinverkostung und kein Flatrate-Saufen. Max. 0,1 l im Glas!«

Adresse Hofeinfahrt: Marktplatz 6, 61440 Oberursel im Taunus, Tel. 06171/57013, www.alt-orschel.de | **ÖPNV** U 3, Haltestelle Oberursel Altstadt | **Öffnungszeiten** Hoffeste meist Do, Fr, Sa; jährlich wechselndes Programm | **Tipp** Die Brennerei Burkard bietet etwa 100 Meter entfernt, in der Weidengasse 8, Oberurseler Obstbrände und Liköre aus eigener Herstellung an. Es gibt Schaubrennen und Verkostungen.

101 Die Apfelweinagentur

Jedes Jahr neue Kreationen des Apfelweinkönigs

Der Sprung des Volksgetränks Apfelwein zu einem Stöffche auch für Gourmets und feine Leute ist einer Handvoll hessischer Kelterer zu verdanken. Sie haben in den vergangenen 20 Jahren die üppige Apfelvielfalt der Region für die Herstellung sortenreiner Spezialitäten, raffinierter Kreationen und bemerkenswerter Schaumweine genutzt. Einer dieser kreativen Kelterer mit Herzblut für das hessische Nationalgetränk ist der Frankfurter Johannes »Jockel« Döringer. Seit ihn sein Großvater vor über 30 Jahren in die Welt des Äppelwoi einführte, widmet er sich mit viel Leidenschaft der Apfelwein-Kultivierung. Inzwischen produziert seine »Apfelweinagentur« in Oberursel jedes Jahr neue Kreationen, kombiniert Apfelweinsorten und verschiedene Zutaten. Schon die Beschreibungen der sortenreinen Apfelweine machen deutlich, wie ambitioniert die Kelterei ist.

Der »Kaiser Wilhelm« wird als »sortentypischer, eleganter, wahrhaft erhabener Schoppen« angepriesen. Der »Rheinische Bohnapfel« sei »feinwürzig und lange am Gaumen«. Der »Trierer Weinapfel/Rheinischer Bohnapfel« beeindrucke mit »angenehmer Apfelsäure, eingebunden in die dominante Apfelfrucht«. Im Sortiment sind auch Essige wie ein Apfel-Balsamico sowie ein Streuobst-Apfelsecco. Döringer wurde für seine Kreationen mehrfach ausgezeichnet – und er persönlich durfte sich mehrfach »Apfelweinkönig von Oberursel« nennen. Er bezeichnet sich selbst als Gastronom und Kelterer mit Leib und Seele. Die Kelterei im Hinterhof eines wunderschönen alten Fachwerkhauses öffnet einmal die Woche zum Hofverkauf. Privatleute können in der Kelterei das Obst aus dem eigenen Garten mit traditionellen Methoden zu Säften pressen lassen. Samstags hat Döringer seinen Stand auf dem Erzeugermarkt des Taunusstädtchens auf dem Epinayplatz. Auch auf den meisten Oberurseler Volksfesten wie dem Brunnenfest oder dem Weihnachtsmarkt ist er präsent.

Adresse St.-Ursula-Gasse 30, 61440 Oberursel im Taunus, Tel. 0172/8984146, www.apfelweinagentur.de | ÖPNV U 3, Haltestelle Oberursel Altstadt | Öffnungszeiten Kelterei: Do 17–19 Uhr, Markt: Sa 9–13 Uhr | Tipp Das Rolls-Royce Werksmuseum in der Hohemarkstraße 60 ist der Luftfahrtgeschichte gewidmet, zu der die Oberurseler Motorenbauer seit fast 130 Jahren beitragen. Es ist jeweils am letzten Freitag im Monat geöffnet, sonst nach Absprache (Tel. 06171/906121).

102 Der Bauer Burkard

Hofladen und Obstpressen zum Mieten

Wer sich heutzutage noch Bauer und nicht Landwirt nennt, sendet ein Zeichen. Er gibt, wie man heute sagen würde, ein »Statement« ab. Die in Oberursel alteingesessenen Burkards signalisieren mit ihrem schlichten Markennamen für ihren Betrieb mit der Kelterei und dem Hofladen viel vom bodenständigen Selbstverständnis. Bei Alfred Burkard, der den Hof in der fünften Generation leitet, kann jedermann seine Äpfel oder auch anderes Obst wie Birnen, Trauben oder Quitten aus den eigenen Gärten und Wiesen pressen und keltern lassen.

In der ehemaligen Getreidemühle werden die Äpfel – bis zu 1.500 Kilogramm pro Stunde – gewaschen, gehäckselt und gequetscht. Auf einer automatischen Doppelbandpresse verwandelt sich das Obst in schäumenden Saft. Auf Wunsch wird der naturtrübe Saft pasteurisiert und damit haltbar gemacht.

Da man in dem Betrieb in Oberursel den gesamten Prozess der Versaftung des eigenen Obstes hautnah mitverfolgen kann, erfreut sich Burkards Lohnkelterei jeweils ab Ende August jeden Jahres größter Beliebtheit bei vielen Amateur-Obstbauern sowie den Obst- und Gartenbauvereinen der Region. Altem Brauchtum verpflichtet, achten Burkards auf gute Organisation und freundlichen Umgang miteinander. Denn Lohnkeltereien kämpfen in der Erntezeit oft mit einer großen Anzahl von Kunden, die darum konkurrieren, dass ihr oft in relativ kleinen Mengen mitgebrachtes Obst – von dem anderer Kunden klar getrennt – möglichst umgehend verarbeitet wird.

Die Burkards bieten im Straßenverkauf und in ihrem schmucken Laden in der Altstadt Oberursels auch eigene Produkte an, beispielsweise Kartoffeln, Hühnerfleisch, frische Milch und Eier, verschiedene Wurstsorten sowie Apfelsaft und Apfelwein. Hochbetrieb herrscht vor allem in den letzten zwei Monaten des Jahres, wenn man hier Gänse, Enten und Puten aus Freilandhaltung nahe dem Urselbach erwerben kann.

Adresse Hofladen: Obere Hainstraße 14, 61440 Oberursel im Taunus; Kelterei: Oberhöchstadter Straße 14, 61440 Oberursel im Taunus, Tel. 06171/4744, www.bauer-burkard.de | ÖPNV S 5, Haltestelle Oberursel Bahnhof | Öffnungszeiten unregelmäßig, telefonische Absprache notwendig | Tipp Das Wirtshaus Zum Hirsch in einem denkmalgeschützten Fachwerkhaus am Marktplatz 8 mit Jagdtrophäen, Gewölbekeller und Biergarten bietet hessische Spezialitäten.

103__Das Gasthaus Rühl

Rock und Fußball beim Äppelwoi

Schon auf den ersten Blick begreift der Besucher, warum der Fernsehsender Kabel eins vor ein paar Jahren das Gasthaus »Zum Rühl« für eine Serie über deutsche Lokale ausgesucht hat. Denn die schöne Apfelweinwirtschaft im Oberurseler Stadtteil Weißkirchen entspricht in bester Weise dem Klischee eines traditionellen deutschen Gasthauses: rustikales, solides Holzmobiliar, viel Holz auch an Decken und Wänden, sauber und gepflegt, mit ein paar Bembeln und Bildern an den Wänden, aber ohne jeden Schnickschnack. Eine grundsolide Karte bietet acht Varianten des Schweineschnitzels mit Bratkartoffeln oder Pommes frites an. Natürlich fehlen hier die hessischen Küchen-Klassiker nicht; insbesondere die Grüne Soße genießt großes Renommee, schafft sie es doch jedes Jahr in die Konkurrenz des regionalen Grie-Soß-Wettbewerbs. Der Rühl-Apfelwein ist selbst gekeltert.

Im Sommerhalbjahr bietet das Gasthaus auf der überdachten Terrasse Platz für mehr als 150 Gäste. Das Äppelwoi-Lokal mit einem lächelnden Bembel und einem lachenden roten Apfel im Logo verwandelt sich bei wichtigen Spielen der Nationalmannschaft, der Champions League oder Bundesliga zu einer Sportbar. Auf einer großen Leinwand werden die Begegnungen live übertragen.

»Zum Rühl« ist auch eine spannende Adresse für Musiker in der Region. An jedem dritten Donnerstag im Monat wird hier zu »Dolbi's Blues & Rock Session« eingeladen. Musiker, die Lust haben, mit anderen zusammen Blues, Boogie, Rock, Jazz oder Funk zu spielen, finden hier eine Bühne.

Sogar Instrumente bietet der Veranstalter Christoph Dolbi vor Ort an. Zudem kann jeder bei »Dolbi's Fundgrube« Instrumente und musikalisches Equipment »von privat an privat« verkaufen oder tauschen. Dabei bittet »Dolbi«, wie ihn alle nennen, darum, im Falle eines Klaviers lediglich ein Foto mitzubringen und nicht gleich das Instrument.

Adresse Kurmainzer Straße 50, 61440 Oberursel-Weißkirchen, Tel. 06171/73477, www.zum-ruehl.de | **ÖPNV** U 3, Haltestelle Weißkirchen, dann 5 Minuten Fußweg | **Öffnungszeiten** Mo–So 11.30–24 Uhr | **Tipp** Nur ein paar Schritte entfernt befindet sich im Garten des Lokals »Zur Linde« eine seltene, über 800 Jahre alte Stufenlinde mit mächtigem Stamm und knorrig-verwachsenem Astwerk.

104 Die Käsmühle

Handkäs- und Äppelwoi-Spezialitäten

»Äppelwoi-Cola ist wie Urlaub in Offenbach«, heißt die lästerliche Textzeile aus einem YouTube-Hit der Gruppe »Söhne Heusenstamm«. Womit recht viel über den Ruf des kleinen Nachbarn Frankfurts gesagt ist. Denn ebenso wie jeder aufrechte Hesse das Gemisch von Apfelwein mit Cola oder Limonade verabscheut, scheint so manchem auch die Vorstellung absurd, man könne in dem als langweilig verschrienen Offenbach Ferien machen. Dabei hat die Stadt mit dem schönen Büsing-Palais, dem Rumpenheimer Schloss oder dem Deutschen Ledermuseum durchaus Attraktionen. Vor allem aber gibt es hier im Schatten der glitzernden Mainmetropole auch eine kulturell und kulinarisch bemerkenswerte Szene. Zur ihr gehört die Käsmühle, ein Fachwerkbau mit fast 500 Jahre zurückreichender Geschichte. Heute ist er ein populäres Gasthaus. Im Sommer lockt der riesige Biergarten mit 300 Plätzen unter schattigen Kastanien und Eschen. Die Käsmühle ist eine der Sehenswürdigkeiten und Einkehrstationen auf der Hessischen Apfelweinroute.

Die Mitte des 16. Jahrhunderts errichtete Mühle wurde zwar im Dreißigjährigen Krieg beschädigt, bald danach aber wieder in Betrieb genommen. Das heute bestehende zweigeschossige Mühlengebäude ist an einem Fenstersturz auf 1743 datiert. Die Mühle für Getreide und später auch Öl wird seit 1910 als Gastwirtschaft genutzt und ist zu einem sehr beliebten Ausflugsziel geworden. Wie in zünftigen Biergärten üblich, gibt es hier Selbstbedienung. Die Küche ist regional geprägt, mit allerlei teils saisonalen Spezialitäten und einigen ungewöhnlichen Handkäs-Variationen, etwa einem Fitness-Handkäs (mit Salat), einem Käsmühl-Trio (Handkäs mit Walnüssen und marinierten Früchten) oder auch »Zwei Lausbuben«, gefüllten Kartoffelknödeln mit Handkäs an Apfelwein-Handkäs-Soße. Hinter dem Namen »Käsmühl Royal« verbirgt sich ein Apfelweinsekt mit Aperol, Waldhimbeerbrand und einem Himbeerspieß.

Adresse Dietesheimer Straße 408, 63073 Offenbach, Tel. 069/78806980, www.zur-kaesmuehle.de | **Anfahrt** vom Stadion Bieberer Berg im Osten Offenbachs/Stadtteil Bieber die B 448 Richtung Obertshausen, nach 500 Metern rechts in die Philipp-Ullrich-Straße, am Ende der Straße links in die Dietesheimer Straße | **Öffnungszeiten** Mo–So 11–23 Uhr | **Tipp** Knapp zwei Kilometer von der Käsmühle entfernt hat man in der Straße »Am Aussichtsturm« vom 24 Meter hohen Aussichtsturm Bieber nahe dem Stadion Bieberer Berg bei schönem Wetter einen phantastischen Blick über Frankfurt, den Taunus und bis in den Spessart und den Odenwald.

105_Der Offenbacher Markt

Urwüchsig hessisch ohne Chichi

Multikulti von der schönsten Seite: Auf dem Bauernmarkt in Offenbach spürt man, dass dies die Stadt mit dem höchsten Anteil von Bürgern mit Migrationshintergrund in Deutschland ist. Manche der Marktleute – Bauern, Kelterer, Bäcker, Metzger, Imker, Köche oder Händler – blicken auf eine jahrhundertelange Familiengeschichte in der Region zurück. Andere sind Neu-Offenbacher, die hier Spezialitäten ihrer Herkunftsländer anbieten. Menschen aus aller Herren Länder haben sich eingefügt: Beim Stand des Wetterau-Bauern erläutert ein junger Mann mit senegalesischem Hintergrund fachkundig die Unterschiede zwischen den Frühkartoffelsorten. Im Verkaufsanhänger für griechische Spezialitäten erklärt eine ältere Offenbacherin in breitem Hessisch die verschiedenen Schafs- und Ziegenkäse-Zubereitungen.

Der Markt gilt Frankfurtern als Geheimtipp. Keine 15 S-Bahn-Minuten von der City entfernt gibt es hier ein üppiges Angebot regionaler Produkte in hoher Qualität, aber deutlich günstiger als auf den Märkten Frankfurts. An den rund 70 Ständen unter großen Kastanien finden sich auch seltene Spezialitäten: Handkäs, noch im Reifeprozess und sehr zart. Geräucherte Würste und Geselchtes. Italienische Pasta mit raffinierten Füllungen, Ziegenfleisch, makrobiotisches Brot oder Äppelwoi kleiner Keltereien.

Einst war hier ein Friedhof. Seit dem 19. Jahrhundert dann der »Neumarkt«, der 1876 zu Ehren des Kaisers in »Wilhelmsplatz«, später von den Nazis in »Platz der SA« umbenannt wurde. 1945 war der Namensspuk vorbei. Rund um den Markt beherbergen schöne alte Bürgerhäuser aus der Gründerzeit Restaurants, Imbissstuben und Cafés. Eine Statue am Markthaus erinnert an das »Streichholzkarlchen«, das vor mehr als 100 Jahren in Apfelweinlokalen Streichhölzer verkaufte. Seine lockere Zunge und seine auffallend füllige Figur bei einer Größe von nur 1,30 Metern machten ihn zu einer lokalen Berühmtheit.

Adresse Wilhelmsplatz, 63065 Offenbach, Tel. 069/80652680 | **ÖPNV** S1, S2, S8, S9, Haltestelle Wilhelmsplatz | **Öffnungszeiten** Di, Fr, Sa 8–14 Uhr | **Tipp** Im Marktwärterhaus an der Markt-Nordseite befindet sich die urige, holzgetäfelte Apfelweingaststätte Markthaus mit großer Terrasse. Das pittoreske Gebäude, 1911 als Unterstand für den Marktmeister errichtet, steht unter Denkmalschutz.

106_Die Bomolochie

Äppelwoi-Wirtschaft im Rheingau

Mitten im Riesling-seligen Rheingau, nahe der trubeligen Drosselgasse in Rüdesheim, befindet sich ein Lokal, das sich mutig zum Äppelwoi bekennt. Das Publikum der Straußwirtschaft ist bunt gemischt, aber überwiegend aus der Region – wobei die Bomolochie auch um Touristen wirbt: »An Ebbler a day keeps the doctor away« ist die eigenwillige Abwandlung der englischen Volksweisheit, der zufolge ein Apfel am Tag den Arzt ersetze. Nur dass es statt Apfel »Ebbler« heißt, es also um den Äppler geht, einen der vielen Begriffe für den Apfelwein. Alle Bemühungen der hessischen Branche, sich auf eine Schreibweise zu einigen, sind gescheitert, also schreibt jeder, wie er lustig ist: Ebbelwoi oder Äppler, Äppelwei oder Ebbelwoi, es gibt noch manch andere Mundartbegriffe für das Stöffche.

Das ungewöhnliche Apfelweinlokal sticht nicht nur mit dem Namen aus dem Tourismusrummel in Rüdesheim heraus. Denn Bomolochie ist ein etwas altmodischer Begriff aus der Philosophie, der so viel bedeutet wie »Possen zum Besten geben« oder aber die Missgriffe eines Spaßmachers bezeichnet. Die Straußwirtschaft ist auch ein Ort für Kulturveranstaltungen und Seminare wie beispielsweise Songschreiber-Workshops oder Lesungen regionaler Autoren.

Geselligkeit wird in der Bomolochie großgeschrieben. Bei den Auftritten der Künstler am Samstag- oder Sonntagnachmittag können die Gäste auch mal mitsingen. Mitbesitzer Manfred Paul tritt zuweilen mit seiner eigenen Band auf. Musikalisch reicht die Palette von Rock über Balladen bis hin zur Volksmusik.

Auf der Karte stehen Handkäs und Rippchen, zuweilen locken kulinarische Themenabende mit Paella, Schlachtplatte oder Käsefondue. Wenn zu »Pasta meets Äppler« eingeladen wird, kreiert der italienische Hauskoch auch mal feine Spezialitäten wie Tagliolini all'aragosta (Hummer-Pasta) oder Ravioli mit Hokkaidokürbis.

Adresse Löhrstraße 4, 65385 Rüdesheim am Rhein, Tel. 0173/3247016 | **Anfahrt** A 66 Richtung Wiesbaden, Ausfahrt Wiesbaden-Mainzer Straße, Theodor-Heuss-Ring, Biebricher Allee, B 42 bis Löhrstraße in Rüdesheim | **Öffnungszeiten** Do – Sa 18 – 24 Uhr | **Tipp** Keine 200 Meter entfernt, in der Oberstraße 49, befindet sich das Mittelalterliche Foltermuseum. Etwas gruselig, aber spannend.

107__Der Gasthof Riesen

Apfelwein-Würste am hessischen Außenposten

Bayern beginnt nur wenige hundert Meter entfernt. Im Gasthof Riesen aber, der auf eine fast 500-jährige Geschichte zurückblicken kann, werden vielleicht gerade deshalb bewusst hessische Traditionen gepflegt.

Schon am Eingang verweist eine kleine Tafel darauf: »Deutsche Küche mit hessischer Note«. Dementsprechend finden sich auf der Karte des schönen Lokals neun verschiedene Apfelweine der hoch gerühmten Kelterei Stier sowie die klassischen regionalen Spezialitäten von Handkäs mit Musik bis zu Rippchen und Tafelspitz mit Grie Soß – hier »Goethes Leibspeise« genannt. Als Hausspezialitäten kann man in den rustikalen Gasträumen oder an den Tischen draußen auf dem malerischen Marktplatz von Seligenstadt auch Wurstsalat mit Apfelweindressing oder Apfelwein-Bratwurst bestellen. Je nach Saison gibt es Spezialwochen für Wildgerichte, Gans oder Spargel.

Im Gastraum des Lokals schmücken alte Malereien und Sprüche aus dem 18. und 19. Jahrhundert die Wände, als hier vor allem Handelsreisende aus Augsburg und Nürnberg auf dem Weg zur Frankfurter Messe haltmachten. Seligenstadt, dessen Altstadt von einer großen Anzahl sehr schöner Fachwerkhäuser geprägt ist, erinnert alle vier Jahre mit einem »Geleitfest« an diese Zeit. Geleitreiter hießen damals die Leibwächter, die die Kaufleute auf dem oft gefahrvollen Weg nach Frankfurt unter ihre Fittiche nahmen.

Im »Riesen« befinden sich ein Wandgemälde, das den Geleitzug darstellt, sowie die originalgetreue Nachbildung eines »steyffe Löffel«. Dieser Löffel bezieht sich auf den alten »Hänselbrauch« der Kaufleute. Wer als Neuling zu ihnen stieß, musste Scherzfragen beantworten und einen Liter Wein in einem Zug austrinken. Während dieser Prozedur mussten die Prüflinge den »steyffen Löffel« an einer Holzkette um den Hals tragen. Wer den Test nicht bestand, musste die Runde der Kaufleute freihalten.

Adresse Marktplatz 6, 63500 Seligenstadt, Tel. 06182/3606, www.zumriesen-seligenstadt.de | **Anfahrt** A 3 Richtung Würzburg, bei der Ausfahrt Seligenstadt auf die L 3121 Richtung Seligenstadt Stadtmitte | **Öffnungszeiten** Mo – Fr 11 – 15 und 17 – 23 Uhr, Sa, So 11 – 23 Uhr | **Tipp** Etwa 200 Meter entfernt, in der Großen Rathausgasse 5, befindet sich das Romanische Haus. Das älteste weltliche Gebäude von Seligenstadt stammt aus dem 12. Jahrhundert und war einst das Amtshaus des Vogtes von Kaiser Friedrich Barbarossa.

108 Das Apfeldorf Wehrheim

Ein Städtchen mit eigenem Apfelbaumbeauftragten

2018 kam es zu dem historischen Treffen im Namen des Apfels. Eine Delegation der bayerischen Ortschaft Apfeldorf besuchte das hessische Wehrheim, das dank seiner Wiesen und Obstplantagen mit mehr als 1.000 Apfelbäumen »Apfeldorf« genannt wird. Die Honoratioren Wehrheims luden deshalb zum traditionellen Apfelblütenfest im Mai die Quasi-Verwandten aus dem Südbayerischen in den Hintertaunus ein. Also brach eine 45-köpfige Delegation, begleitet von Plattlergruppe und Trachtenkapelle, aus Apfeldorf nach »Apfeldorf« auf. Beim herzlichen Empfang ließ es sich der Bürgermeister Wehrheims, Gregor Sommer, nicht nehmen, ein Begrüßungslied zu singen. Am Abend pflanzte man einen Baum als Symbol der Freundschaft. Chronisten zufolge ging es dann zu Musik und Tanz. Bayerische Zeitungen wunderten sich darüber, dass die Volkstanzgruppe der örtlichen Landjugend sichtlich nicht mehr ganz so jung war. Zahlreiche Bembel Äppelwoi wurden im Namen des Apfels geleert. Am nächsten Tag wurde dann in Anwesenheit von 15 Hoheiten aus ganz Hessen – von der Milch- über die Brunnen- bis hin zur Froschkönigin – die Wehrheimer Apfelblütenkönigin Celine I. inthronisiert. Unklar ist, ob es denn angesichts der sehr unterschiedlichen hessischen und Lechrainer Dialekte einiger Dolmetscher bedurfte.

Die Gemeinde Wehrheim mit ihren schön restaurierten Fachwerkhäusern und ihren 9.400 Einwohnern hat ihren Ruf als Apfeldorf seit 2002 immer weiter kultiviert. Das Städtchen hat sogar einen »Apfelbaumbeauftragten«. Jeweils am ersten Sonntag im Mai wird bei einem rauschenden Volksfest die Apfelblütenkönigin vorgestellt. Jedes Jahr wird hier auch der beste Äppelwoi Hessens gekürt. Paare, die in Wehrheim heiraten, erhalten als Geschenk einen Apfelbaum für den eigenen Garten. Selbst gekelterten Apfelwein findet man in Wehrheim im Gasthaus Zum Taunus im Ortsteil Obernhain und im Löwenherzer in der Bahnhofstraße.

Adresse 61273 Wehrheim, www.wehrheim.de | **Anfahrt** A 5 Richtung Kassel, Ausfahrt Oberursel, A 661 bis Ausfahrt Oberursel-Nord, B 456 bis Wehrheim | **Tipp** Im ehemaligen Stadttor aus dem Jahr 1778, dem Wahrzeichen des Ortes, ist das Stadttormuseum untergebracht, in dem sich auch bronzezeitliche Fundstücke der Urnenfelderkultur befinden.

109 Die Kelterei Heil

Feiner Cidre und alkoholfreier Apfelwein

Die Kelterei Heil entstand aus Liebe zum guten Apfelwein. Ursprünglich führte die Betreiberfamilie eine Gaststätte in Laubuseschbach. Als zum Ende des Zweiten Weltkriegs keine der Keltereien Apfelwein liefern konnte, auch weil sie den Nazis ein Dorn im Auge waren, beschloss der Großvater der heutigen Kelterei-Chefs Martin und Christof Heil kurzerhand, eine Ziege aus dem eigenen Hof gegen eine Apfelkelterei zu tauschen. Das Gasthaus gibt es nicht mehr, aber die heute größte Kelterei im Taunus zählt zu den modernsten Betrieben der Branche. Vor allem hat man hier ein feines Gefühl für Trends und Moden. Martin Heil verweist darauf, dass kein alkoholisches Getränk in der Welt in den letzten 20 Jahren so positive Zuwachsraten gehabt habe wie die verschiedenen Apfelweingetränke, in den meisten Ländern als »Cidre« in diversen Abwandlungen bekannt. Auch dass die Bitburger Bierbrauerei heute ein »Bitburger Apfel Cider« aus dem Haus Heil anbietet, belegt die neue Attraktivität des Apfelweins.

Zum Keltereisortiment gehören neben Apfel- und Birnenweinen sowie vielen Fruchtsäften auch zahlreiche Apfelwein-Mixgetränke unter dem Namen »Cooper's« – mit Kirschen, Rhabarber, Johannisbeeren oder Cola. Zu den modischen Neuschöpfungen zählt auch das »Cyber Cider Lemon«, abgefüllt in Dosen. Das etwas schrille Design des Äppelwoi-Zitronen-Getränks zielt auf die junge Gamer- und Manga-Szene. Um den Äppelwoi auch über Hessens Grenzen hinaus populär zu machen, präsentiert sich das Unternehmen nicht nur auf der Internationalen Apfelweinmesse Cider World in Frankfurt, sondern auch auf der wichtigsten deutschen Weinmesse, der »Pro Wein« in Düsseldorf. Die Kelterei ist auch als Veranstalter bekannt, beispielsweise mit dem jährlichen Apfellauf »Run an den Apfel« oder mit Apfelbaum-Pflanzaktionen, bei denen seit 1988 über 40.000 Bäume gepflanzt wurden. Betriebsführungen mit Verköstigungen gibt es nach Absprache.

Adresse An den Obstwiesen 2, 35789 Weilmünster, Tel. 06475/91310, www.kelterei-heil.de | **Anfahrt** A 661 von Frankfurt-West Richtung Wiesbaden, auf die A 3 Richtung Köln, Ausfahrt Bad Camberg, auf der B 8 Richtung Limburg, dann auf der L 3031 nach Weilmünster | **Öffnungszeiten** Sa 9–12 Uhr | **Tipp** Die Vogelburg im Naturpark Hochtaunus nahe dem etwa zehn Kilometer entfernten Dorf Hasselbach ist ein privater Park für Papageien. Die schöne Anlage mit historischen Bauteilen und vielen Bambusarten bietet auch ein Café.

110 Der Äbbelwoi Schmidt

Brot und Handkäs-Bratwurst aus dem Holzbackofen

Nur drei Kilometer von der Innenstadt Wiesbadens entfernt und dennoch idyllisch mitten im Wald befindet sich das beliebte Ausflugslokal mit alten Nussbäumen im wunderschönen Garten. Der »Äbbelwoi Schmidt« in den Ausläufern des Taunus auf 474 Meter Höhe nahe dem Dürerpark ist vermutlich die höchstgelegene Apfelweingaststätte Hessens. Ihre Popularität verdankt sie nicht nur der spektakulären Aussicht auf Wiesbaden und den regelmäßigen Rock- oder Jazz-Frühschoppen, sondern auch dem selbst gekelterten Stöffche und den ungewöhnlichen regionalen Spezialitäten, die sich in anderen Apfelweinlokalen eher selten finden.

Neben frischem, selbst gebackenem Brot, deftigen Hax'n, Handkäse-Bratwürsten oder Spanferkel vom Holzbackofen kann man hier auch den berühmten Wiesbadener Spundenkäse probieren – der wird in der Region so wichtig genommen, dass jährlich viele Lokale und Köche um die Trophäe der besten »Spundekäs«-Zubereitung konkurrieren. Die deftige Delikatesse, die meist von einer Laugenbrezel begleitet wird, besteht aus einer Mischung aus Frischkäse und Sahnequark, angereichert mit Zwiebeln, Pfeffer und Paprika. Traditionell wird die Spezialität in einer lang gestreckten Form angeboten und erinnert an den Spund, die oberste, konische Öffnung im Bauch eines Weinfasses – daher der Name. Allerdings gibt es unzählige Varianten vom Spundenkäse, der auch mit Eigelb, Sardellen, Schmand, Knoblauch, Kümmel, Senf oder Kapern verfeinert werden kann. Das ursprüngliche Arme-Leute-Essen gilt in der Weinregion Rheinhessen als ideale Begleitung zum lokalen Riesling, passt aber auch bestens zum Äppelwoi.

Beim »Äbbelwoi Schmidt« ist der große Garten nicht nur im Sommer geöffnet. Ab November können auch im beheizten und von großen Schirmen geschützten »Weihnachtsgarten« Martinsgänse und Flugenten frisch aus dem Holzbackofen sowie heißer Apfelwein genossen werden.

Adresse Bornhofenweg 17, 65195 Wiesbaden, Tel. 0611/406649, www.aebbelwoi-schmidt.de | **ÖPNV** Bus 3 ab Wiesbaden Innenstadt, Haltestelle Bornhofenweg, Fußweg bergab gehen, nach 400 Metern rechts, Lokal nach circa 100 Metern | **Anfahrt** B 54 von Wiesbaden Richtung Norden, von der Schützenstraße rechts in die Walkmühlstraße, am Ende links in den Bornhofenweg | **Öffnungszeiten** Mo–Sa 16–22 Uhr, So 14–21 Uhr | **Tipp** Falls es bei Schmidt zu voll sein sollte, bietet sich das Restaurant Treibhaus mit Biergarten und Wintergarten in der Klarenthalerstraße 127 an. Hier gibt es Steaks vom Lavagrill und selbst gemachte Pommes frites.

111 Der Schoppenhof

Äppelwoi-Kultur in der feinen Kurstadt

Wiesbaden ist zwar Hessens Hauptstadt, aber das sogenannte »Nationalgetränk« des Landes, der Apfelwein, fristet hier eher ein Schattendasein. Schließlich ist die Stadt von wunderschönen Riesling-Hängen des Rheingaus umgeben; zudem neigen die als etwas hochnäsig verschrienen Bürger der feinen Kurstadt wohl mehr zu edlen Weinen denn zum bodenständigen Äppelwoi. Dennoch hat hier ein Frankfurter Gastronom 2017 erfolgreich ein Stück Apfelwein-Kultur in die Stadt gepflanzt.

In den getäfelten, sehr gepflegten Räumen des früheren Weißenburger Hofs wie auch im malerischen Biergarten auf dem Sedanplatz – den sich der Schoppenhof mit drei anderen Nachbar-Lokalen teilt – dominieren unter den hohen Bäumen lange Holztische und -bänke, an denen sich auch Fremde rasch näherkommen. Ein Treffpunkt für alle: »Egal, wer du bist oder was du arbeitest, ob du alt oder jung bist, man setzt sich einfach gemeinsam an den Tisch und genießt unsere Apfelweine«, beschrieb Schoppenhof Chef Martin Hoenes beim Start mit einfachen Worten den Kern der Äppelwoi-Philosophie.

Mitten im gediegenen Westend findet der Gast hier eine Auswahl bester Apfelweine renommierter Keltereien. Das Haus-Stöffche ist ein mild-fruchtiger Speierling, den Martin Hoenes nach seinen Vorstellungen hat keltern lassen. Zudem gibt es einen etwas kräftigeren Schoppen der Kelterei Stier und andere, oft wechselnde Apfelweinspezialitäten. Ungewöhnlich sind die Longdrinks, die in Mini-Bembeln gereicht werden. Die Karte bietet gutbürgerliche, regionale Speisen, weder der Handkäs mit Musik (in einer besonderen Variante mit Radieschen und Kresse) noch die Grüne Soße oder die Rippchen mit Kraut fehlen. Besonders beliebt ist auch das hessische Apfel-Tiramisu. In einem kleinen Nebenraum steht noch ein etwas altmodischer Tischkicker – vermutlich kennen so etwas nur noch die älteren Gäste.

Adresse Sedanplatz 9, 65183 Wiesbaden, Tel. 0611/44866961, www.schoppenhof-wiesbaden.de | Öffnungszeiten Di–Sa 17.30–24 Uhr | Tipp Die Bar »Heaven«, auch am Sedanplatz gelegen, zeichnet sich durch eine Vielzahl von Gin-Tonic-Drinks aus. Zudem gibt es hier DJ-Nächte und in einem »Schwarzen Salon« Kunstausstellungen, Konzerte, Tanz- und Kochabende.

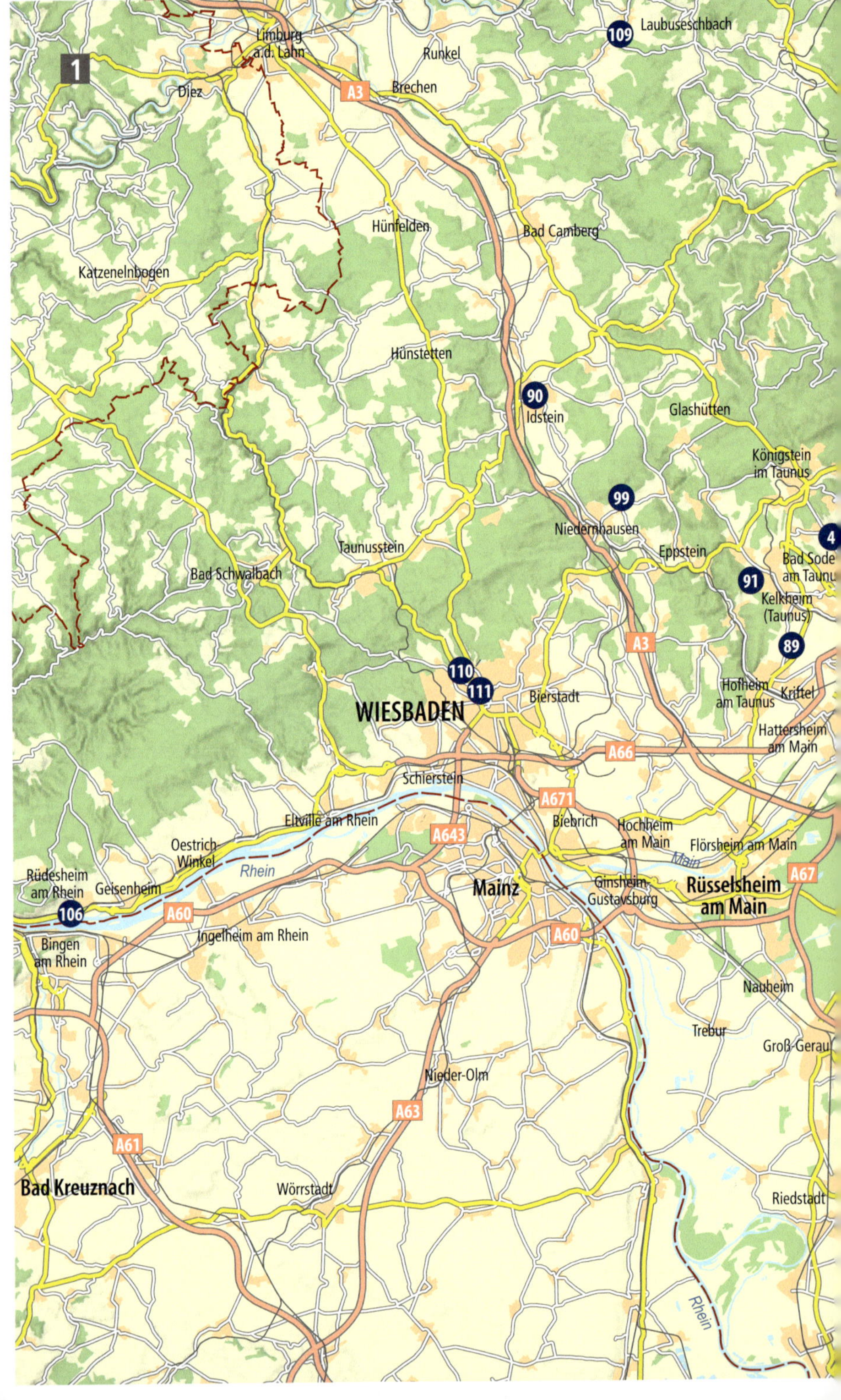
1
Limburg a.d. Lahn
Laubuseschbach
109
Runkel
Diez
Brechen
A3
Hünfelden
Bad Camberg
Katzenelnbogen
Hünstetten
90
Idstein
Glashütten
Königstein im Taunus
99
Niedernhausen
4
Eppstein
Taunusstein
Bad Schwalbach
91
Bad Soden am Taunus
Kelkheim (Taunus)
89
110
111
Bierstadt
Hofheim am Taunus
Kriftel
WIESBADEN
Hattersheim am Main
A66
Schierstein
A671
Eltville am Rhein
Biebrich
Hochheim am Main
A643
Flörsheim am Main
Oestrich-Winkel
Main
Rhein
Rüdesheim am Rhein
Geisenheim
Mainz
Ginsheim-Gustavsburg
Rüsselsheim am Main
A67
106
A60
Bingen am Rhein
Ingelheim am Rhein
A60
Nauheim
Trebur
Groß-Gerau
Nieder-Olm
A63
A61
Bad Kreuznach
Wörrstadt
Riedstadt
Rhein

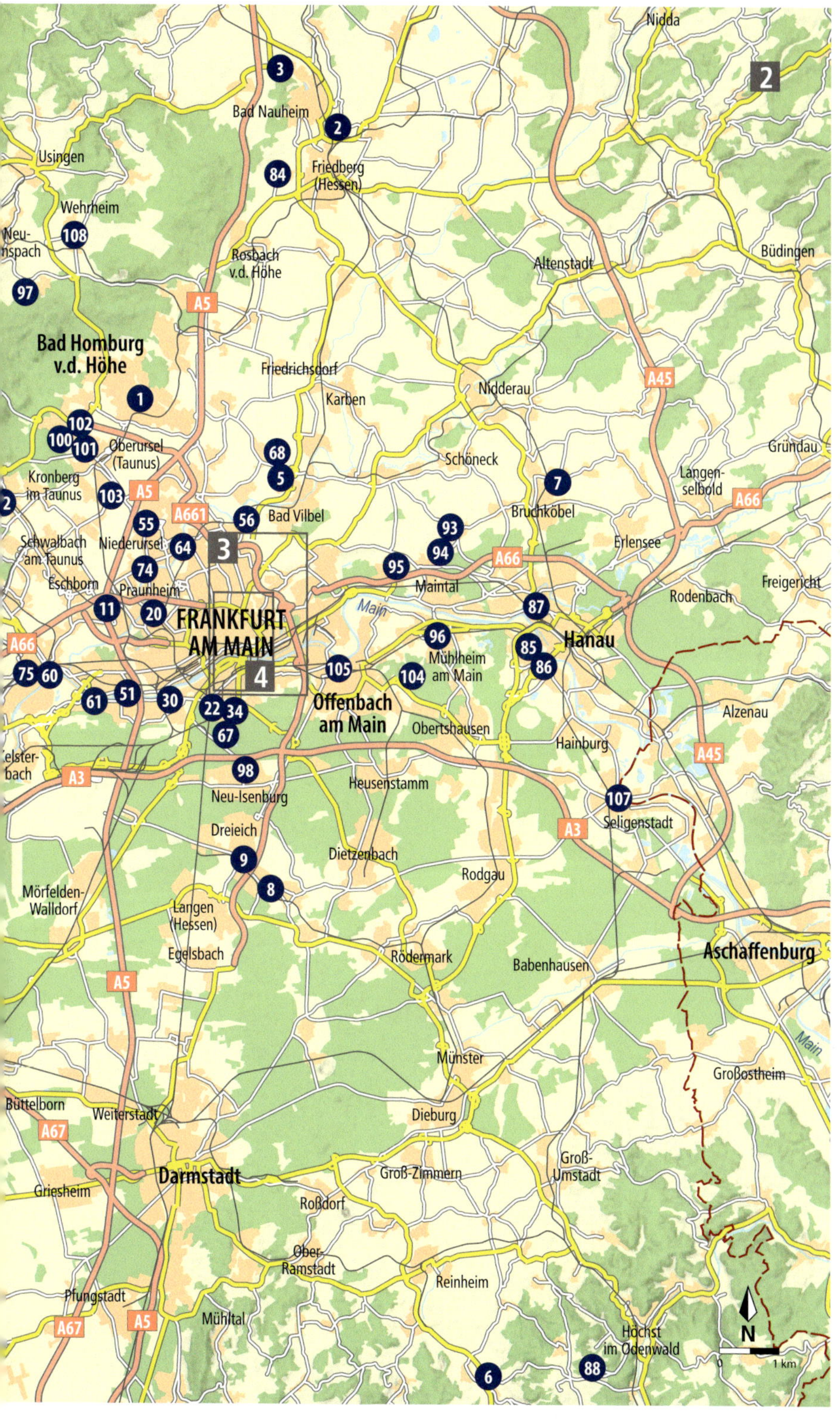

Nidda
2
Bad Nauheim
Usingen
Friedberg (Hessen)
Wehrheim
Neu-
nspach
Rosbach v.d. Höhe
Altenstadt
Büdingen
A5
Bad Homburg v.d. Höhe
Friedrichsdorf
Karben
Nidderau
A45
Oberursel (Taunus)
Kronberg im Taunus
Schöneck
Gründau
Langen-selbold
A5
A661
Bad Vilbel
Bruchköbel
A66
Schwalbach am Taunus
Niederursel
3
Erlensee
A66
Eschborn
Praunheim
Maintal
Rodenbach
Freigericht
Main
FRANKFURT AM MAIN
Hanau
A66
Mühlheim am Main
4
Offenbach am Main
Obertshausen
Alzenau
Hainburg
A45
Elster-
bach
A3
Heusenstamm
Neu-Isenburg
Seligenstadt
A3
Dreieich
Dietzenbach
Rodgau
Mörfelden-Walldorf
Langen (Hessen)
Egelsbach
Rödermark
Babenhausen
Aschaffenburg
A5
Main
Münster
Großostheim
Büttelborn
Weiterstadt
A67
Dieburg
Darmstadt
Groß-Zimmern
Groß-Umstadt
Griesheim
Roßdorf
Ober-Ramstadt
Reinheim
Pfungstadt
A67
A5
Mühltal
N
Höchst im Odenwald
0
1 km

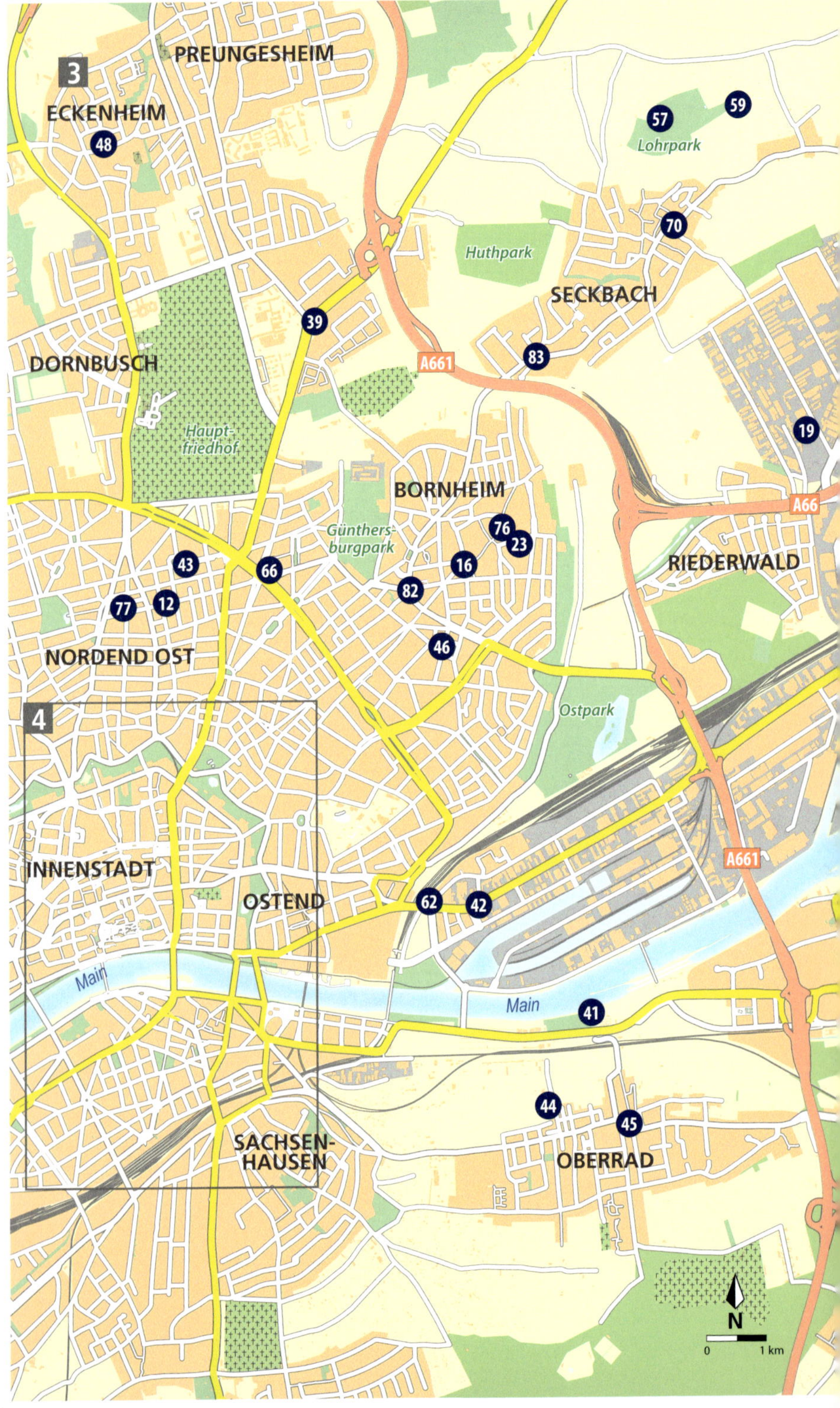
3
PREUNGESHEIM
ECKENHEIM
48
57
59
Lohrpark
70
Huthpark
SECKBACH
39
DORNBUSCH
A661
83
Haupt-
friedhof
19
BORNHEIM
A66
Günthers-
burgpark
76
23
16
RIEDERWALD
43
66
82
77
12
46
NORDEND OST
Ostpark
4
INNENSTADT
A661
OSTEND
62
42
Main
Main
41
44
45
SACHSEN-
HAUSEN
OBERRAD
N
0
1 km

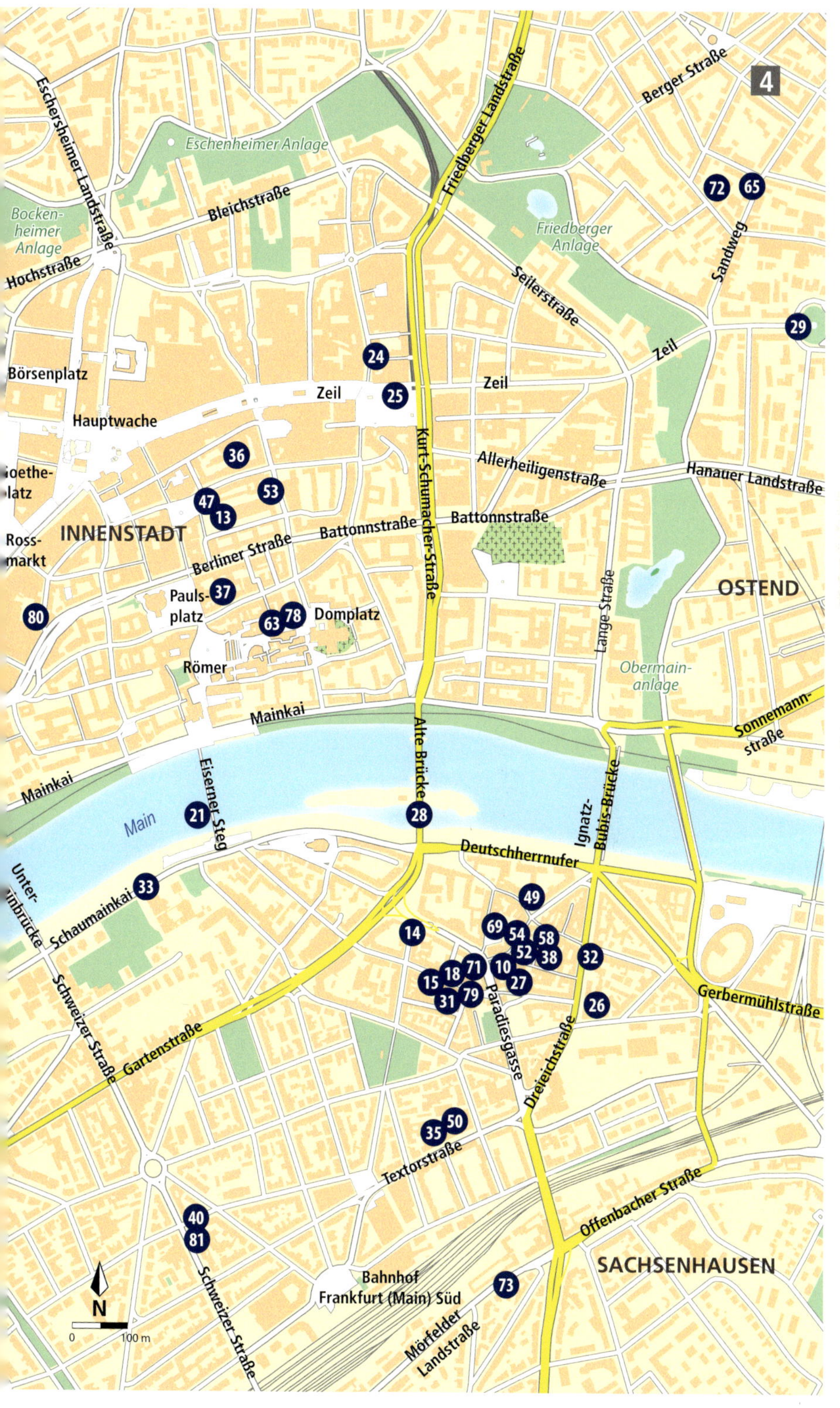
4
Eschersheimer Landstraße
Eschenheimer Anlage
Bleichstraße
Friedberger Landstraße
Berger Straße
Bocken-
heimer
Anlage
Hochstraße
Friedberger
Anlage
Sandweg
Seilerstraße
Zeil
Börsenplatz
Hauptwache
Kurt-Schumacher-Straße
Allerheiligenstraße
Hanauer Landstraße
Goethe-
platz
Batonnstraße
Berliner Straße
INNENSTADT
Ross-
markt
Pauls-
platz
Domplatz
Römer
Lange Straße
OSTEND
Obermain-
anlage
Mainkai
Alte Brücke
Sonnemann-
straße
Eiserner Steg
Main
Ignatz-
Bubis-Brücke
Deutschherrnufer
Unter-
mainbrücke
Schaumainkai
Schweizer Straße
Gartenstraße
Paradiesgasse
Dreieichstraße
Gerbermühlstraße
Textorstraße
Offenbacher Straße
SACHSENHAUSEN
Bahnhof
Frankfurt (Main) Süd
Mörfelder
Landstraße
N
0
100 m

Tim Frühling
111 Orte in Mittelhessen, die man gesehen haben muss
ISBN 978-3-7408-1232-4

Dietmar Hoos
111 Orte in Kassel, die man gesehen haben muss
ISBN 978-3-7408-1188-4

HP Mayer
111 Orte im Rheingau, die man gesehen haben muss
ISBN 978-3-7408-0999-7

Anna Köhler
111 Orte in Offenbach, die man gesehen haben muss
ISBN 978-3-7408-0982-9

Holger Grumt Suárez,
Rolando Grumt Suárez
111 Orte in und um Gießen, die man gesehen haben muss
ISBN 978-3-7408-0971-3

Ingo Stock
111 Orte im Werra-Meißner-Kreis, die man gesehen haben muss
ISBN 978-3-7408-0855-6

Sonja Morawietz,
Hartmut Heinemann
111 Orte in Darmstadt, die man gesehen haben muss
ISBN 978-3-95451-920-0

Tim Frühling
111 Orte in Osthessen und in der Rhön, die man gesehen haben muss
ISBN 978-3-7408-0127-4

Dorothee Fleischmann
111 Orte im Taunus, die man gesehen haben muss
ISBN 978-3-7408-1420-5

Carsten Sebastian Henn
111 deutsche Weine, die man getrunken haben muss
ISBN 978-3-7408-0732-0

Daniela Dejnega, Luzia Schrampf
111 Weine aus Österreich, die man getrunken haben muss
ISBN 978-3-7408-0618-7

Carsten Sebastian Henn
111 Weine aus aller Welt, die man getrunken haben muss
ISBN 978-3-7408-0859-4

Pierre Thomas
111 Schweizer Weine, die man getrunken haben muss
ISBN 978-3-7408-1301-7

Jens Dreisbach
111 Gins, die man getrunken haben muss
ISBN 978-3-7408-0571-5

Bernd Imgrund
111 Whiskys, die man getrunken haben muss
ISBN 978-3-7408-0242-4

Martin Droschke, Norbert Krines
111 deutsche Craft Biere, die man getrunken haben muss
ISBN 978-3-7408-0338-4

Martin Droschke, Norbert Krines
111 fränkische Biere, die man getrunken haben muss
ISBN 978-3-95451-922-4

Martin Droschke
111 Biere aus Altbayern und Bayerisch-Schwaben, die man getrunken haben muss
ISBN 978-3-7408-1069-6

Regina Urbach
111 Orte in und um Worms, die man gesehen haben muss
ISBN 978-3-7408-1172-3

Peter Bieg, Maximilian Staub
111 Orte in Trier, die man gesehen haben muss
ISBN 978-3-7408-1294-2

Stefanie Jung
111 Orte in Rheinhessen, die man gesehen haben muss
ISBN 978-3-7408-1307-9

Christina Kuhn, Christian Löhden
111 Orte in der Pfalz, die man gesehen haben muss
ISBN 978-3-7408-1192-1

Anke Müller
111 Orte an der Mosel, die man gesehen haben muss
ISBN 978-3-95451-325-3

Stefanie Jung
111 Orte in Mainz, die man gesehen haben muss
ISBN 978-3-95451-041-2

Cornelia Lohs
111 Orte in Mannheim, die man gesehen haben muss
ISBN 978-3-7408-0554-8

HP Mayer
111 Orte in Heidelberg, die man gesehen haben muss
ISBN 978-3-7408-0246-2

Françoise Hauser
111 Orte im Heilbronner Land, die man gesehen haben muss
ISBN 978-3-95451-842-5

Renate Bugyi-Ollert,
Bernhard Horsinka
111 Orte in und um Würzburg, die man gesehen haben muss
ISBN 978-3-7408-1343-7

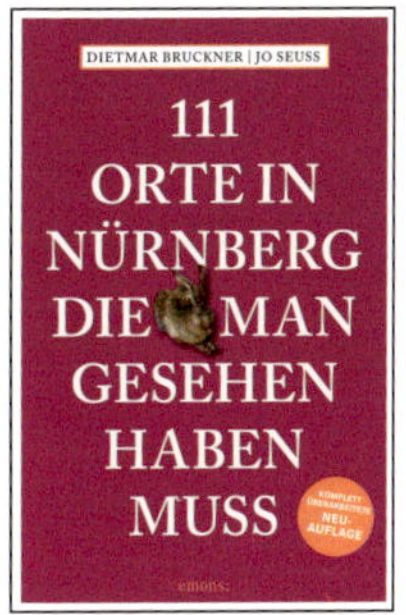

Dietmar Bruckner, Jo Seuß
111 Orte in Nürnberg, die man gesehen haben muss
ISBN 978-3-7408-1019-1

Sabine Becht, Sven Talaron
111 Orte in und um Bamberg, die man gesehen haben muss
ISBN 978-3-7408-1186-0

Dietmar Bruckner, Michaela Moritz
111 Orte in der Fränkischen Schweiz, die man gesehen haben muss
ISBN 978-3-7408-1089-4

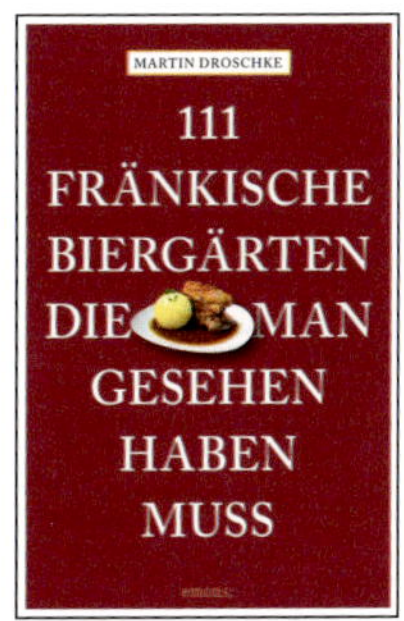

Martin Droschke
111 fränkische Biergärten, die man gesehen haben muss
ISBN 978-3-7408-0851-8

Kerstin Söder
111 Orte im Fränkischen Seenland, die man gesehen haben muss
ISBN 978-3-7408-1072-6

Bernd Flessner
111 Orte in der Oberpfalz, die man gesehen haben muss
ISBN 978-3-7408-0873-0

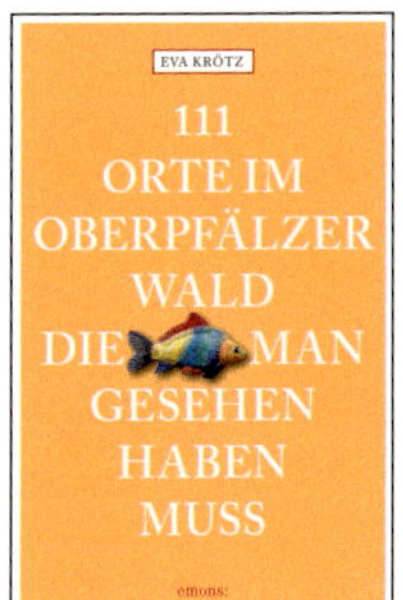

Eva Krötz
111 Orte im Oberpfälzer Wald, die man gesehen haben muss
ISBN 978-3-7408-0331-5

Oliver Ultsch
111 Orte in und um Coburg, die man gesehen haben muss
ISBN 978-3-95451-923-1

Danksagung

Für kompetenten Rat und manche Hilfe bei der Arbeit an diesem Buch bedanke ich mich ganz herzlich bei Herbert Brunner, Dr. Michael Franger, Dr. Annemarie Fritz-Stratmann, Dr. Johanna Höhl, Renate Kortheuer-Schüring, Jens Thomas Lück, Sibylle Nicolai, Frank Seel, Jörg Stier und Christoph Werner.

Laszlo Trankovits war bis 2016 25 Jahre lang Auslandskorrespondent für die Deutsche Presse-Agentur (dpa), davon vier Jahre in Israel. Er ist Autor mehrerer Sachbücher, darunter auch »111 Orte in Kapstadt, die man gesehen haben muss« und »111 Orte in Jerusalem, die man gesehen haben muss«. Nun hat er seinen Wohnsitz in Frankfurt.